LES HOUILLÈRES

ANGLAISES

ET

LES HOUILLÈRES

DU

DÉPARTEMENT DU NORD,

Par Charles MATHIEU,

Directeur des mines de Douchy près Denain (nord).

Vᵉ. ADAM, IMPRIMEUR A DOUAI.
— 1860. —

C.

LES

HOUILLÈRES ANGLAISES

ET LES

HOUILLÈRES DU DÉPARTEMENT DU NORD,

PAR

Charles MATHIEU, directeur des mines de Douchy près Denain

— NORD. —

1869

LES HOUILLÈRES ANGLAISES

ET LES

HOUILLÈRES DU DÉPARTEMENT DU NORD.

Première partie.

HOUILLÈRES ANGLAISES.

J'ai eu recours à des mémoires et à des rapports d'ingénieurs de mines très capables pour me procurer les renseignements suivants sur les mines d'Angleterre qu'ils ont été chargés d'étudier :

L'Angleterre possède, sur un espace d'environ quatre-vingts lieues, CINQ bassins houillers d'une richesse dont aucun bassin du continent n'approche. Leur situation, à quelques petits écarts près, semblerait indiquer que leur formation a été simultanée et divisée ensuite par des soulèvements qui les ont plus ou moins éloignés les uns des autres. La stratification des terreins est, en général, plus régulière que dans les autres bassins houillers de l'Europe, et la direction des veines est rarement interrompue par des accidents de terrain. Les couches sont très puissantes, et leur inclinaison très faible. Les terreins qui les recouvrent sont solides. Les grandes failles qui apportent de si grandes difficultés dans les exploitations continentales existent aussi en Angleterre, mais à des distances beaucoup plus éloignées les unes des autres, et comme le creusement des puits n'est pas dispendieux, il arrive que l'on ne perce pas ces failles, parce qu'on évite cette dépense en attaquant les couches au-delà des terreins accidentés, lesquels forment les digues qui retiennent les eaux et le gaz hydrogène renfermés dans les exploitations où l'on se trouve ainsi arrêté.

La richesse des bassins houillers est d'autant plus grande, que sur plusieurs points ils recèlent le minerai de fer, la castine ou les calcaires nécessaires à la fusion du minerai, que l'on arrache en même temps que la houille, dont les couches sont exploitées avec d'autant plus de facilité, qu'elles sont très rapprochées de la surface et rarement placées sous des terreins aquifères. Seulement l'on rencontre dans quelques localités des sables mouvants et des graviers dont l'épaisseur n'est pas un obstacle comme celle des mêmes terreins trouvés sur le continent.

L'écoulement des produits des cinq bassins est d'autant plus facile, qu'ils sont reliés par des chemins de fer à des rivières, à des canaux et à la mer. Là où les difficultés de terrein s'opposent à l'exécution des voies ferrées, des tunnels et des plans inclinés, font franchir les obstacles avec toute la célérité possible. Là où l'encaissement des rivières

rend difficile le chargement des navires, des appareils des-
cendent les berlines dont on se sert pour le transport des
charbons, et l'extraction journalière est toujours enlevée
sans encombre.

Le bassin du pays de Galles s'étend de Ponlypool jusqu'à
la baie de Saint-Brides. Il est enveloppé par le calcaire bleu
sur une grande étendue. Ailleurs il repose sur le vieux grès
rouge. Il court généralement de l'Est à l'Ouest avec une
inclinaison moyenne de 9 degrès sur le versant du Nord,
et de 45 degrès vers le Midi. Sa surface exploitable, non
compris les baies de Caermathen et Swansea, est de 935
milles carrés. Chaque mille carré produit 6,400,000 tonnes.
L'on peut juger par là de l'immense richesse de ce bassin,
qui longe la Saverne, rivière d'une grande importance, en
communication avec le canal de Bristol, ainsi qu'avec d'autres rivières avoisinant la mer d'Irlande et la baie de Cor-
dignon. Il se trouve dans une position très avantageuse pour
faire des expéditions en Irlande, dans le midi de la France,
en Espagne, en Portugal et au Maroc, pays dont il se trouve
plus rapproché que les autres bassins, qui, pour les mêmes
expéditions, ont un frêt beaucoup plus élevé à payer.

Le bassin du pays de Galles est, comme les quatre autres, coupé par des vallées profondes qui laissent à décou-
vert une grande hauteur de terrein houiller permettant d'atteindre par des galeries à travers bancs, et quelquefois sans
galeries, les couches de charbon qu'elles renferment et de
verser leurs produits dans les bateaux naviguant sur la rivière qui se trouve dans la vallée.

Outre le charbon, le minerai de fer et le calcaire, le pays

de Galles offre encore d'autres productions d'une grande importance dans l'exploitation et le traitement des minerais de cuivre, de plomb et d'étain. Tous ces éléments de richesses ont donné lieu à la création de magnifiques établissements métallurgiques, et à une consommation de combustible très élevée. Ces établissements, créés çà et là sur une grande étendue du bassin, et principalement sur les points où le charbon convient à la métallurgie, ont morcelé, pour ainsi dire, en multipliant les points d'attaque, l'exploitation des couches de charbon gras, dont l'exportation deviendra d'autant plus difficile, qu'avec un plus grand développement d'industrie encore, elle serait insuffisante pour les besoins de la localité.

Le pays de Galles, à la vérité, n'a pas été commerçant jusqu'ici. Il s'est borné seulement à satisfaire l'industrie implantée sur son bassin, et, il faut le reconnaître, cette industrie a pris un développement considérable et grandit enencore, tandis que le bassin de Newcastle a toujours cherché à développer par les exportations la richesse de son industrie.

Quoiqu'il en soit, on peut dire que si le bassin du pays de Galles n'est pas le plus productif, il est, sans contredit, le plus riche et le mieux situé.

Du bassin du pays de Galles je passe à celui des comtés d'York, de Notthingham et de Derby, qui occupe une grande partie des territoires des trois comtés dont il porte le nom. Il est également riche et s'étend de Notthingham au sud, à Brodfort, au nord, sur une longueur de 90 kilomètres. Sa

plus grande largeur est de 30 kilomètres. Suivant les ingénieurs du pays, il y aurait douze couches, exploitables dans
ce bassin, qui compte plus de six cents puits en extraction.
Ce chiffre, qui paraît élevé, cesse de surprendre quand
on songe à la facilité avec laquelle on creuse les puits et
au peu de dépenses que ce travail occasionne dans cette
immense étendue de bassin dont l'enveloppe est comparée à
celle du bassin de Newcastle, avec cette différence qu'il ne
s'y présente pas autant de failles traversant les terreins.

La houille se montre à la surface dans un grand nombre
de rues de la ville de Scheffield, remarquable par l'industrie de ses aciers et sa coutellerie.

Scheffield ne doit son importance qu'à la richesse des
couches qui la traversent.

On remarque dans ce pays des mines dans lesquelles se
rendent des attelages pour en ramener les produits de l'exploitation.

Ce bassin est sillonné de chemins de fer qui vomissent
les produits dans les grands centres manufacturiers et les
nombreux établissements métallurgiques qui couvrent la
surface.

Du bassin des Comtés d'Iork, de Notthingham et de
Derby nous passons à celui de Northumberland et de Durham, qui est exploité sur les plus grandes bases et couvre
une partie des Comtés dont il porte les noms.

Le bassin de Northumberland et de Durham possède une
étendue de 77 kilomètres du nord au sud. Sa plus grande
largeur est de 33 kilomètres. Il repose sur le millston gris

et le calcaire carbonifère. Les terreins qui le recouvrent sont le nouveau grès rouge et le calcaire magnésien. Il renferme 40 couches de houille dont 18 seulement sont exploitées et sujettes à des interruptions causées par des failles qui produisent des rejets considérables occasionnant le renfoncement du terrein houiller, recouvert alors de terreins aquifères qu'on ne peut traverser qu'avec l'aide du temps et de dépenses considérables. Aussi ne voit-on pas les fermiers ordinaires travailler dans ces terreins, où il n'y a que les lords, propriétaires et exploitants qui puissent entreprendre les travaux. Mais, dans ces localités, le prix du charbon est plus élevé que dans les autres bassins. Il est en rapport avec le capital engagé.

Le bassin de Lancashire renferme 75 couches de houille dont la moins épaisse n'a pas moins de 0 m. 30 c. La surface du bassin est de 125 milles carrés. La partie exploitable des couches présente une épaisseur de 45 mètres. Le centre du bassin est la partie la plus exploitée. Ses produits sont en partie consommés dans les villes manufacturières et commerçantes des environs. Il n'y a qu'une mine qui offre de l'intérêt dans ce bassin. C'est celle du duc de Bridgwater, qui pourrait, à juste titre, passer pour la plus remarquable de l'Angleterre.

Le bassin houiller dont nous nous occupons est traversé, comme les autres, par des vallées très profondes qui laissent entre-elles des terrains présentant une élévation considérable et renfermant un grand nombre de couches horizontales assez rapprochées et reconnues dans deux vallées différentes ayant un cours d'eau navigable dont a voulu tirer parti le duc de Bridgwater, pour établir dans ses exploitations une navigation souterraine servant au transport de la houille sortant des tailles. Le charbon se trouve, par ce moyen, transporté sans déchargement dans le grand canal creusé entre Manchester et Liverpool jusqu'à la mer d'Irlande.

Le creusement de ce canal, qui est la plus remarquable des voies navigables que l'Angleterre possède, a été exécuté aux frais du duc de Bridgwater pour l'écoulement des produits de ses riches houillères. dont le développement avait tellement ébréché sa fortune, qu'il dut souvent contracter des emprunts pour l'achèvement des travaux, qui fut par la suite une source de revenus considérables et plaça bientôt le duc dans une position supérieure à celle où il se trouvait avant l'entreprise des canaux.

Le transport d'une tonne de houille, de Manchester à Liverpool, coute 5 fr. 73 c. par eau. Il serait plus dispendieux par le chemin de fer. Autrefois il coûtait par terre 50 francs.

Le bassin de Newcastle a aussi 77 kilomètres de longueur du nord au sud, et 33 kilomètres de largeur. Il est limité, au nord, par la rivière Coquet et au sud, il s'étend, pour ainsi dire, jusqu'à la Tees. A l'est, la mer lui sert de limite sur la moitié de sa longueur, et à l'ouest, il n'est pas possible d'assigner une limite.

Les couches, comme celles du Camberland, reposent sur le millston gris et le calcaire métallifère.

Il est coupé par un assez grand nombre de vallées dont

les principaux cours d'eau sont la Tyne et la Wear. La houille de Newcastle est, en général, de bonne qualité. Le minerai de fer carbonaté y est peu abondant. La houille arrive à bon marché au destinataire; car les frais de transport sont peu élevés, les extracteurs pouvant expédier par les canaux, les chemins de fer et la mer.

Les mines, en Angleterre, ne sont point concédées. La richesse minérale appartient de droit au propriétaire de la surface, qui peut lui-même exploiter les couches ou les concéder comme il le juge à propos.

Le toutes les mines qui existent en Angleterre douze seulement sont exploitées par les propriétaires du sol. Toutes les autres sont données à bail à un ou à plusieurs locataires.

Lorsqu'on loue les couches à une Société, chaque actionnaire est responsable en proportion de l'intérêt qu'il possède dans l'entreprise.

La durée d'un bail est ordinairement de 21 ans, et les conditions varient suivant les difficultés que l'exploitation présente, et suivant la quantité du charbon à extraire.

La location se perçoit sur le charbon embarqué. Le propriétaire ne reçoit rien pour la consommation faite dans l'établissement. Dans quelques localités, la location est payée sur la houille extraite.

Le droit du propriétaire varie. Il est, sur certains points où la houille est de mauvaise qualité, de 0 fr. 52 cent. à 1 fr. 75 par chaldron de Newcastle. Sur la Tyne, où le charbon est de bonne qualité, le maximum du droit est de 1 sch. 3 pences par tonne, et le minimum de 2 pences 1/2.

Sur la Tees et la Wear, on ne perçoit, en moyenne, que 5 à 6 pences par tonne.

Pour renouveler un bail, il y a un pot-de-vin à payer, et le locataire, quand il se retire après avoir rempli toutes les conditions du bail, a le droit d'enlever tout le matériel de son exploitation et de le céder à son successeur ; mais ce matériel a peu de valeur , attendu qu'il ne se compose que d'outils, de machines en mauvais état et de bâtiments en ruine, comme on en voit souvent en Belgique lorsque des marchés semblables prennent fin.

Malgré la rente payée au propriétaire de la mine , l'exploitant anglais est encore soumis à des droits assez onéreux pour les travaux de la surface. L'espace occupé par le carreau de la mine et le terrein que parcourent les chemins de fer sont payés concurremment avec les droits de la mine.

La rente à payer pour établir un chemin de fer de la mine au point d'embarquement varie suivant les circonstances. Uue mine peut avoir des droits considérables à payer si son chemin de fer traverse plusieurs propriétés, et, en pareil cas, les exploitants doivent se réunir pour chercher un entrepreneur qui veuille bien , moyennant une redevance, construire le chemin de fer dont ils ont besoin pour transporter leurs produits au lieu d'embarquement.

Dans les premiers temps l'on a payé jusqu'à 8,750 fr. par mille, et 6,250 fr. pour le chemin de fer de Stanhope à la Tyne, également par mille.

On conçoit que ces bénéfices exhorbitants prélevés par

les propriétaires du sol aient donné lieu à des réclamations, et l'on s'étonne que ces réclamations aient eu pour résultat le maintien du *statu quo*

D'autres frais sont encore à la charge de l'exploitant anglais. Ils se rattachent au commerce de charbon. Il nous est difficile de les évaluer.

En somme, l'on peut porter à un sch. par tonne les droits payés par les exploitants aux propriétaires de charbonnages et de chemins de fer, et les droits d'embarquement et d'expédition.

Il est probable que la location de la mine est frappée d'une patente et que l'extracteur paye à l'Etat un impôt dont nous ne tenons pas compte ici.

Après avoir passé en revue la richesse des bassins houillers, disons un mot de leur exploitation et des frais auxquels elle donne lieu. Ces frais sans doute doivent varier suivant le mode d'exploitation employé et la production obtenue, suivant les moyens de transport qu'on peut employer, et suivant le lieu d'embarquement.

Nous entrerons succinctement dans ces détails en commençant d'abord par le bassin du pays de Galles, et en suivant l'ordre que nous avons adopté dans l'exposé que nous venons de présenter de la richesse de chaque bassin.

Bassin du pays de Galles.

Ce bassin est peu exploité. Il a une immense étendue. Il existe dans les six comtés de Pembrock, Cardigan, Radnor, Brecnock, Glamorcan et Carmathen. L'écoulement de ses produits peut s'opérer par la mer d'Irlande , le canal de Bristol, par plusieurs rivières et par les chemins de fer jusqu'aux points de consommation.

L'exploitation des couches ne nécessite pas le creusement de puits de grande profondeur. Les galeries pratiquées , dans les couches sont souvent le mode d'exploitation que l'on emploie.

Le peu de puits que l'on voit dans le pays de Galles se trouvent au-dessus du niveau des vallées et permettent d'enlever le combustible au moyen de machines hydrauliques ou de machines à vapeur placées à l'orifice des puits. Le wagon qui a été cherché la houille au fond des tailles est amené directement au jour et la transporte jusqu'au point où elle doit être employée. Les puits sont de forme rectangulaire ou ellypsoïdale et de grandes dimensions. L'aérage est si facile à introduire, que l'on peut établir des puits pour son entrée ou sa sortie sur tel ou tel point de l'exploitation qui paraîtra convenable.

Le mode d'exploitation varie suivant les localités, l'épaisseur, l'inclinaison et la profondeur des couches. Si le sol est coupé par de profondes vallées , et que les stratifications des bancs permettent de diriger une galerie de recoupement pour atteindre les veines , on exécute ce percement jusqu'à la dernière couche à exploiter. Si , au contraire , la vallée fait apercevoir des affleurements de couches, on entre naturellement dans celle-ci , qu'on exploite avec d'autant plus d'avantage , qu'on évite la dépense d'une galerie de recoupement pour l'arracher.

Dans les couches de 1 m. 50 c. à 1 m. 60 c., on laisse des piliers entre-deux systèmes de galeries horizontales et diagonales. Les galeries d'exploitation ont 5 m. 50 c. de largeur. Leur pente est de 2 dégrès 1/2. Les piliers ont 9 mètres et sont recoupés à distances égales par des galeries transversales. A une hauteur de 40 à 50 métres de la principale galerie d'allongement, l'on dispose un second étage, et ainsi de suite jusqu'à la crète de la colline. La partie de charbon extraite de cette disposition de travaux comprend à peu près les deux tiers de la surface de la couche. L'autre tiers est consacré au soutènement des terrains.

L'exploitation des couches plus puissantes, recouvertes de terrains ébouleux, exigent des pilliers plus épais dont le dépilage a lieu quand l'exploitation est terminée.

Les voies diagonales ne sont employées que quand les terreins ont plus de 6 dégrès d'inclinaison. Au-dessus de cette inclinaison les galeries montantes sont établies sur l'inclinaison du terrein.

La voie principale de roulage n'a que 1 m. 80 c. de hauteur. Elle est plus que suffisante pour la circulation des chevaux employés au transport. Le banc de houille conservé au faite contribue au maintien de la galerie.

Lorsque les ateliers ont atteint une longueur de 40 à 50 mètres, on amincit les piliers, on abat les étais et l'on provoque la chûte du banc du faite, dont on ramasse les blocs. Toutes ces opérations sont pratiquées avec la plus grande célérité, pour éviter toute pression sur le mur, dont le boursoufflement pourrait obstruer les galeries.

Un autre mode , aussi usité dans le pays de Galles et qu'on va appliquer dans des couches de 1 m. 50 de hauteur, consiste à pratiquer , au haut du massif de 7 mètres laissé sur la galerie principale de roulage, des tailles de 5 m. 40 de largeur marchant parallèlement à l'inclinaison de la couche entre elles des massifs de 4 mètres de largeur. Des voies transversales de faibles dimensions traversent, de distance à autre, ces massifs pour les besoins de l'aérage. Les massifs sont enlevés lorsque les tailles sont arrivées à la crête de la colline.

L'exploitation de ce pays, favorisée sous le rapport de la richesse minérale, de la facilité de ses transports et de ces débouchés, fournissant des houilles excellentes et variées, se trouve dans des conditions à obtenir un prix de revient d'autant plus faible, que les exploitations sont peu dispendieuses, et que l'écoulement des eaux a lieu souvent par galeries horizontales, et que, s'il arrive qu'il doive se faire par puits vertical, les chûtes d'eau, si multipliées dans le pays, permettent l'établissement de balances hydrostatiques. Ces appareils simples et peu coûteux remplacent avantageusement les machines à vapeur, qui sont plus rares dans ce bassin que partout ailleurs.

Les divers systèmes d'exploitation que nous venons d'énumérer n'offrent aucun intérêt, parce que là où il n'y a point de difficultés d'aérage, d'épuisement, d'extraction et de boisage, il n'y a que des facilités pour produire et des bénéfices à recueillir. Les couches sont régulières. Elles sont arrachées avec le minerai de fer qui les recouvre.

Voici, d'après le compte-rendu d'ingénieurs versés dans la partie des mines , l'estimation des dépenses et produits de l'exploitation de la houille et du minerai de fer dans la vallée de la Toofe, où l'on exploite 7 couches de houille et 5 de minerai de fer, et où l'épaisseur totale de ces 7 couches de charbon est de 10 m. 22 , et celle du minerai de fer de 11 m. 42 ;

En admettant, ce qui est fréquent du reste , qu'une galerie puisse atteindre les 7 couches et établir dans chacune d'elles un double chantier de 80 tailles, elle occuperait une étendue de 244 mètres seulement et ne serait épuisée qu'après une extraction de 3,373,480 tonnes de charbon et de 574,000 tonnes de fer, extraction qui exigerait 90 ans :

1° Le capital pour l'exécution de la galerie de recoupement serait de 10,500 fr., ci 10,500

2° Celui des travaux comprenant les galeries d'allongement des deux côtés de l'exploitation serait de 38,000 fr., ci. 38,000

3° Galeries montantes ou passage par les tailles 30,400

4° Formation de 160 tailles 6,000

5° Percées d'aérage 48,000

6° Galeries communiquant avec le puits d'aérage. 21,087

7° Percement des puits d'aérage 14,062

8° Chemins de fer (21,100 m.) 158,250

9° Wagons de transport 6,000

TOTAL : 332,299

Le prix de revient se décompose de la manière suivante :

Abattage, par tonne. 1,04

Havage 1,04

Chargement et transport. 1,57

Poudre 31, chandelles 31, ensemble . . . 0,62

Entretien d'outils 21 menues fournitures 16,

ensemble 0,37

TOTAL : 4,58

Pour arriver au prix de revient total il faut ajouter à cette somme l'intérêt du capital engagé, tant dans les travaux que pour le roulement, l'amortissement, les frais d'administration et la redevance due au propriétaire du sol.

L'intérêt du capital engagé doit comprendre le fonds de roulement, la dépense de la galerie de recoupement, celle des puits d'aérage, des galeries en communication avec ces puits, les chemins de fer et le matériel des wagons.

Le fonds de roulement est de 50,000

La dépense de la galerie est de 10,500

— des galeries d'aérage est de. . 21,187

— des chemins de fer est de . . 158,250

— du matériel est de 6,000

ENSEMBLE : 245,937

dont l'intérêt, à 5 0/0 l'an, est de 12,296 fr. 85 c. Maintenant, pour arriver à l'amortissement de ce capital tout en entretenant les travaux et le matériel, il me paraît convenable de prélever le même intérêt pendant la même période d'années. Ce serait, de ce chef, encore 12,296 fr. 85 c. qu'on devrait ajouter aux dépenses indirectes de l'exploitation.

2.

Ces deux sommes réunies forment un total de 24,593 fr. 70 centimes.

Comme les 3,373,480 tonnes du pays de Galles qu'on devrait retirer en 90 ans produiraient annuellement 448,271 quintaux de houille (poids de 100 kil.) il s'en suivrait une surcharge de dépenses de 5 centimes 1/2 à peu près par hectolitre ou de 65 centimes par tonne.

Les frais d'administration, dans ces mines, s'élèvent à 57 centimes par tonne.

La redevance au propriétaire est de 94 centimes.

Le total des frais généraux est donc, à la sortie de la galerie, de. . . . . 2 fr. 16 c.
qui joints aux frais directs d'exploi-
tation 4   58

élèvent le prix de revient de la
tonne à 6   74
Si, comme on le suppose, le béné-
fice est de. 1   50   par tonne.

le prix de vente sera de. . . . 8   24

Comme on le voit par le détail des dépenses, les exploitations de ce bassin offrent les plus grands avantages, le creusement des puits d'extraction et d'aérage, la confection des voies de roulage, le boisage, l'écoulement de l'eau, le remblai des excavations, la consommation des machines à vapeur et les consommations diverses entrant là dans les frais d'extraction pour un chiffre beaucoup moins élevé que celui des autres bassins.

Les exploitants anglais font construire des maisons pour leurs ouvriers, qui sont logés aussi commodément que les nôtres. Ils installent dans ces maisons des personnes qui débitent les objets de consommation dont les mineurs peuvent avoir besoin. Ce commerce se fait pour le compte des entrepreneurs.

Le loyer des maisons varie de 10 à 15 francs par mois.

Les frais de transport de la mine au lieu d'embarquement se payent en raison de la distance parcourue. Ils ne peuvent être bien élevés, les houillères n'étant pas éloignées de plus de trois lieues des rivages où les produits sont embarqués.

Nous venons de faire connaître le prix de revient de la houille à la sortie des galeries de recoupement pratiquées dans les vallées. Disons maintenant un mot du produit que l'exploitant retire encore du minerai de fer.

Les dépenses faites par l'exploitant de la houille sont utilisées également pour l'exploitation du minerai de fer. De sorte que quand on a extrait 6 à 7,000 tonnes de minerai pendant l'année, on peut ajouter aux bénéfices trouvés dans l'extraction du charbon 60 à 70,000 fr. pour ces 6 à 7,000 tonnes de minerai vendues 10 francs l'une. On obtient ce résultat par une légère augmentation de salaire accordée aux ouvriers chargés du havage et de l'abattage. Leur tâche est réduite en raison du retard qu'apporte l'abattage du minerai dans l'abattage de la houille.

Dans les 70,000 fr. que l'exploitant retire du minerai sont compris les 93 centimes à la tonne qui sont dus au propriétaire de la mine, soit 6,510 fr. Il reste donc à l'exploitant 63,490 fr. qui, répartis sur 37,000 tonnes de houille extraites, augmente ses bénéfices de 17 centimes par hectolitre.

Le mètre carré de surface d'une veine peut produire 25 hectolitres.

Bassin des comtés d'York, de Notthingham et de Derby.

Le système d'exploitation dès mines de houille de ces comtés diffère essentiellement de celui du pays de Galles et a subi depuis peu d'années des modifications qui le rapprochent de celui du Nord de la France. En effet l'on a reconnu qu'on perdait beaucoup de temps à pousser les galeries d'allongement principales et à préparer les chantiers d'exploitation, et qu'il valait mieux attaquer la veine au fur et à mesure que la galerie d'allongement s'étendait, que de retarder l'arrachement de la houille, qui s'opère de la manière suivante :

On pousse, comme d'ordinaire, la maitresse galerie au-dessus de laquelle on laisse un massif de 5 m. 1/2 d'épaisseur, pour pratiquer une autre galerie vers le même point, et quand, par les deux galeries, l'on a atteint la longueur de 71 mètres, on attaque à travers le massif un plan automoteur que l'on fait marcher à 15 mètres en ferme sur le plan de la veine. Puis l'on fait partir de l'extrémité supérieure deux galeries de niveau, l'une à droite, l'autre à gauche, également distancées du plan automoteur. Lorsque ces deux galeries ont atteint l'étendue de 54 mètres, on a obtenu deux fronts de taille que l'on fait marcher perpendiculairement à la direction de la gâlerie principale et contre le massif du plan incliné, que l'on perce tous les 15 mètres, à peu près pour raccourcir le trajet du roulage et de l'aérage. Une nouvelle taille est attaquée dès que la galerie principale est suffisamment avancée pour que l'on entreprenne un nouveau plan automoteur et une nouvelle taille, et ainsi de suite. De sorte que quand la galerie d'allongement arrive à sa limite, une forte partie des tailles est arrachée.

Ce système est sans contredit beaucoup plus avantageux que les autres, en ce qu'il présente moins de coupements à faire que dans les exploitations par piliers, et que l'ouvrier peut arracher beaucoup plus de charbon que dans l'autre système, qui a encore pour inconvénient de laisser des loges pour le gaz et de faire perdre beaucoup de charbon.

Mais il ne faut pas se dissimuler que tout en retirant de grands avantages sur le travail de la veine et la qualité du charbon, qui reste beaucoup plus gailleteux , on est exposé, en adoptant ce mode d'exploitation, à manquer de remblais, parce qu'il en exige beaucoup, et qu'il faut qu'on en cherche ailleurs quand on ne trouve pas dans la veine les parties stériles qui ordinairement en fournissent. En pareil cas, l'on est obligé de laisser de temps à autre un massif.

Rien n'empêche, quand l'exploitation est arrivée à certaine hauteur, de pratiquer une nouvelle galerie horizontale au milieu d'un massif assez épais pour garantir les exploitations supérieures des accidents que pourraient occasionner les exploitations inférieures.

L'inclinaison des terreins est nulle, pour ainsi dire, et exempte les exploitants des percements de galeries de recoupement.

La disposition des travaux ne nuit nullement à la conduite de l'air dans les exploitations. Les percées que l'on établit dans les massifs des plans automateurs et de la maîtresse galerie en facilitent la circulation.

Chaque fois que l'on fait une nouvelle percée dans le plan automoteur, on relevé la poulie servant à la manœuvre des chariots sur le plan incliné.

Les éléments nécessaires manquent pour établir le prix de revient des charbons de ce bassin, qui possède des puits et des machines remarquables, et des installations à la surface pour faciliter de fortes extractions et l'écoulement des produits. Tout ce que l'on sait, c'est qu'il y a quelques années, la tonne de gros charbon de 1,015 kilog. prise à l'entrepôt de la Compagnie Hornsfield et Wilson, coûtait 9 francs, et celle du menu 5 francs.

Sur le canal près Borwelsy, la tonne de gros ne se vend que 5 francs et celle de menu 2 fr. 40 c. à 3 fr.

Enfin, à Derby, le gros charbon de première qualité provenant des houillères de Kilburn se vendait 12 fr. 60 la tonne.

Chaque veine fournit aussi environ 25 hectolitres par mètre de surface exploitée. Si l'installation de machines d'extraction et d'épuisement augmente les prix de revient, on peut trouver de l'économie sur le travail des ouvriers à la veine en compensation. Les terreins sont solides et permettent de déboiser les galeries. Il n'y a point de ventila-teur, point de galeries de recoupement. Le creusement des puits est peu coûteux. Les prix de revient ne peuvent être beaucoup plus élevés ici que dans le pays de Galles.

Beaucoup de charbons de ce bassin sont consommés sur les lieux. Le commerce extérieur est presque nul.

Sur quelques points, les puits ont atteint la profondeur de 200 mètres. Les machines y marchent à grande vitesse.

La ventilation est établie, comme à Douchy, au moyen de foyers à grandes sections alimentés par de l'air pur. Quand un seul foyer ne suffit pas, on en établit deux. La consommation d'un foyer est de 4 à 5 hectolitres par jour. Le feu est entretenu par deux hommes se relayant de 12 heures en 12 heures.

L'extraction se fait au moyen de cages, et les opérations de déchargement sont aussi économiques que dans le nord de la France et qu'en Belgique.

Les puits d'extraction sont guidés. Ils sont divisés en deux compartiments quand ils doivent recevoir une machine d'épuisement pour desservir plusieurs houillères.

Les machines d'épuisement sont généralement du systè-me de Watt. Les pompes ont un grand diamètre à cause du peu de profondeur des puits où l'on tire les eaux.

Le fer est à si bon marché en Angleterre, qu'on l'em-ploye dans ces puits, ou il remplace le cuvelage ordinaire.

Les ouvriers occupés dans les tailles sont associés avec les traineurs et chargeurs et transportent le charbon sur les maitresses galeries. Là, leurs chariots sont réunis à ceux amenés d'autres tailles et traînés par un cheval jusqu'au puits d'extraction. Le cheval ramène un train de chariots vides et trouve, à son arrivée, un train de chariots chargés qu'il conduit encore au puits. Les frais de transport augmentent de 20 centimes par chaque distance de 18 mètres.

L'épaisseur des veines permettant de donner des hauteurs suffisantes aux galeries, les traîneurs circulent librement sans avoir besoin d'entailler le toit.

Quand toutes les chambres d'exploitation sont arrachées, on attaque les massifs en commençant par ceux qui sont les plus éloignés du puits.

Bassin de Northumberland et de Durham.

Des 40 couches que possède ce bassin, 18 seulement sont exploitées. Quelques-unes de ces couches sont arrachées sur des points où les terreins aquifères occasionnent de grandes difficultés d'enfoncement, non-seulement par l'abondance des eaux qui gênent le creusement, mais en-core par la profondeur à laquelle elles se montrent. Le terrein houiller se trouve, à la vérité, à peu de profondeur, et on l'atteint sans beaucoup de difficultés ; mais comme il renferme des couches de grès aquifères, c'est dans la traversée de ces terreins et la retenue des eaux que l'on trouve les obstacles. Pour vaincre les difficultés, on fait usage de cuvelage en fonte composé de segments se rapportant parfaitement les uns avec les autres. Ces parties diffèrent par leur forme suivant l'usage auquel on les destine. Si elles doivent servir à un picotage, elles reçoivent une forme qui doit se prêter à cette opération. On leur en donne une autre encore quand elles doivent supporter des sommiers et traverses pour soutenir des pompes. Le prix de ces segments est de 17 à 18 francs le 100 de kil. La fonte est d'une composition qui ne laisse rien à désirer.

C'est dans ce bassin que l'on trouve les puits les plus profonds de l'Angleterre. Il en est qui ont 500 mètres de profondeur, ce qui est attribué à la chûte des veines qui ont subi des renfoncements, par suite d'accidents de terreins, et qui sout exploitées à ces grandes profondeurs parce qu'elles fournissent en abondance des charbons de première qualité.

Le système d'exploitation généralement suivi dans ces comtés consiste à pousser deux voies parallèles, séparées par un massif de 10 à 11 mètres, jusqu'à la limite de l'exploitation, et à diviser toute l'étendue en deux ou trois chantiers d'exploitation séparés par des massifs épais. On laisse aux abords des puits d'autres massifs de 70 mètres pour les garantir des affaissements de terrein que l'exploitation produit toujours. L'on attaque ensuite des voies perpendiculaires aux premières, de 8 mètres en 8 mètres environ, et des voies parallèles tous les 6 mètres de manière à laisser des massifs assez solides que l'on reprend en battant en retraite, lorsque l'exploitation est arrivée à sa limite.

Les deux premières voies exécutées jusqu'à leur limite sont mises en communication de distance à autre, pour conduire l'air le plus près possible sur les fronts de leur percement.

La houille est transportée des tailles à la surface dans des wagons prismatiques en tôle dont la contenance est de 5 à 6 hectolitres.

Les hercheurs roulent le charbon jusqu'aux voies principales, où l'on forme un train qu'un cheval vient prendre lorsqu'il se trouve complété par le nombre de wagons qu'on amène de divers endroits.

Les chariots sont conduits à l'accrochage et fixés sur une cage que l'on enlève au moyen de la machine d'extraction. A leur arrivée au jour, ils sont retirés de la cage et remplacés par des chariots vides que l'on renvoye dans les exploitations.

Le boisage est peu dispendieux dans ces houillères, où l'épaisseur des veines est plus que suffisante pour la hauteur des voies, qui donnent aux chevaux un passage aussi facile que peu coûteux.

L'on trouve dans les substances stériles qui accompagnent la veine le peu de remblais dont on a besoin.

Les vases servant au transport de la houille dans la mine sont en tôle. Le fer est si peu coûteux , qu'il peut y avoir avantage à l'employer pour ces objets plutôt que le bois, qui est cher.

Le mètre carré de surface exploitée peut produire 25 hectolitres.

Le mode de roulage, d'extraction et de déchargement à la surface est celui que nous voyons en usage dans beaucoup de mines de la Belgique et du nord de la France. Les difficultés de transport qu'occasionnent les accidents de la surface sont surmontées par des plans inclinés ou par des ponts.

Les veines de ce bassin étant d'un très grand rapport, le prix de revient y est moins élevé que dans les bassins des comtés d'Yorck, de Derby et de Notthingham, mais il y a dans la disposition des travaux de certaines localités, des dépenses énormes à faire et devant lesquelles les Compagnies les plus riches de notre pays reculeraient. Il est juste que l'on tienne compte à l'exploitant d'un capital aussi considérable, et s'il vend son charbon à des prix plus élevés que ceux des autres exploitants qui n'ont point de pareilles difficultés à surmonter, il faut lui savoir gré d'avoir vaincu ces difficultés dans l'intérêt des nombreux consommateurs qui sont venus grouper leurs établissements près de ces riches houillères, où l'on peut extraire 7 à 8,000 hectolitres de charbon par jour.

Comme dans les autres bassins, on enlève le boisage dès qu'on peut le retirer, et on le réemploie ailleurs.

Bassin de Lancashire.

Ce bassin, où l'on connaît 75 couches dont la plus mince n'a pas moins de 30 centimètres de puissance, présente une épaisseur totale de 45 mètres de charbon d'excellente qualité.

Les mines les plus remarquables sont celles du duc de Bridgwater qui fit creuser un canal à trois branches, pour verser ses produits dans toutes les parties industrielles de la contrée. La branche de l'est est la plus importante. Elle

est en communication avec Manchester et les nombreux canaux qui aboutissent à cette ville.

Le duc de Bridgwater a fait creuser aussi à travers bancs,
dans la mine de Wersley, une galerie navigable de près de
6,000 mètres avec un tirant d'eau de 1 mètre 10. Cette
galerie débouche dans un bassin relié au canal de la surface.

Les bateaux employés pour cette navigation souterraine
contiennent environ 100 hectolitres. L'on a conservé, dans
la galerie, des espaces assez longs pour le croisement des
bateaux. Les galeries d'allongement sont également cana-
lisées et font arriver ces bateaux le plus près possible des
chantiers d'exploitation.

La galerie principale est pratiquée à 89 mètres au-dessous du point le plus élevé du plateau de Vorsleyet et traverse 14 couches dont la puissance est de 0, 55 à 2 m. 13,
ce qui donne une épaisseur totale de 14 mètres de charbon.
Une quinzième couche de 1 m. 90 y a été encore rencon-
trée à la suite d'une faille. Ces couches sont, en général,
de qualité supérieure.

De l'étage supérieur des veines exploitées par les galeries navigables on conçut l'idée de faire un plan incliné qui
avait pour but de faire descendre des bateaux chargés de
12,000 kilog. de houille et permettait de faire 30 des-
centes en huit heures. Il a fonctionné pendant 29 ans. La
faible quantité de houille qu'on retire encore de cet étage
est conduite par bateau des tailles au pied des puits par
lesquels on l'enlève. On porte à 15,832 mètres le développement de toutes les galeries navigables et à 55,076 mè-

tres la navigation souterraine établie aux différents étages où les veines sont exploitées.

La méthode d'exploitation suivie à Wersley est bien entendue et en harmonie avec la navigation souterraine. La voici détaillée :

Dès que l'on veut exploiter une couche, on s'occupe d'abord de la galerie d'allongement qu'on pousse jusqu'à la limite. On espace de 90 mètres en 90 mètres des voies montantes sur l'inclinaison de la couche auxquelles l'on donne 1 m. 40 de largeur, et pour hauteur, celle de la couche. On les prolonge aussi loin que l'exploitation le permet. Entre ces galeries on en pratique d'autres qui n'ont que 0,90 de largeur, de sorte que les premiers massifs deviennent moins larges de moitié, et l'on subdivise encore ces derniers par des galeries horizontales distantes entre elles de 12 mètres environ. L'air circule par la galerie navigable et sort par un puits convenablement placé sur le plateau. L'exploitation est seulement entamée après l'achèvement de ces travaux. On la commence par les points les plus éloignés et les plus élevés. Le *havage* de chaque massif est pratiqué en montant jusqu'à ce que tout le massif soit enlevé. L'on prend généralement deux lignes de massifs de suite, et l'on réunit toutes les matières stériles des couches et les fragments de toit et de mur que l'on peut se procurer pour former des masses de remblais supportant le toit de la couche. Puis, l'on attaque encore la moitié du massif voisin de manière à laisser perdre le moins de charbon possible. Il est rare que cette méthode exige du bois.

Les charbons sont conduits des tailles dans des bateaux qui ont 15 m. de longueur, 2 m. de largeur et 85 à 90 c. de profondeur. Ces bateaux marchent par convois très nombreux. Six hommes en conduisent ordinairement 40, auxquels ils ne font, il est vrai, parcourir que 804 mètres par heure. La charge totale étant de 360 tonnes et le salaire des haleurs pour un voyage d'au moins 5,000 mètres étant de 16 fr. 25, la tonne rendue à 100 mètres ne revient pas à un millime. Ce résultat est infiniment supérieur à ceux que fournissent les voies de fer les plus perfectionnées.

Les mines de Wigan, situées sur le même bassin, sont également riches, mais sont exploitées autrement. Là les galeries d'allongement divisent le champ d'exploitation en tranches de 50 à 70 mètres de hauteur, et des plans automoteurs sont établis pour le dégagement du charbon provenant de la partie supérieure du champ de travail. Les tailles ouvertes sur l'inclinaison du terrein ont 4 mètres de largeur et s'étendent sur toute la hauteur de la partie à exploiter. Les piliers de 1 m. 55 d'épaisseur qui les séparent ne sont point enlevés et tendent à réduire la consommation de bois.

L'on exploite aussi, dans ce bassin, des couches de minerai de fer très riches sortant des puits creusés pour l'extraction de la houille.

Bassin du Staffordshire.

Le bassin du sud du Staffordshire, situé dans un terrein peu accidenté, présente le coup-d'œil le plus magnifique par toutes les industries qui s'y sont implantées. L'on parcourra tout l'univers sans rencontrer de spectacle plus grandiose que celui que présente les chemins de fer, les canaux, les routes, les établissements métallurgiques groupés autour des houillères.

La plus grande longueur, du nord au sud de ce bassin, est de 35,404 mètres, et sa largeur (maximum) de 9,655 mètres. S'il n'est pas le plus étendu, il n'est pas le moins exploité, car pour alimenter plus de 100 hauts fourneaux et deux mille machines à vapeur, dont la force surpasse plus de 30,000 chevaux, et qui sont mises en activité tous les jours pour l'extraction de la houille, celle du minerai, du fer carbonaté et de la castine, qu'on trouve aussi sur les lieux, on a besoin d'un grand nombre de tonnes de charbon. Aussi les extracteurs trouvent-ils facilement le placement de leurs produits. Sous ce rapport, le bassin de Staffordshire est le plus favorisé de l'Angleterre.

On compte 11 couches en exploitation dans le bassin de Dudley. Deux sont remarquables par leur puissance. L'une a 9 m. 14, l'autre 6 m. 40. Le terrein houiller, composé de schiste et de grès est d'une assez grande solidité pour que le toit des veines de houille ou de minerai de fer soit facile à soutenir.

Le mode d'exploitation diffère peu de celui que l'on suit dans le Northumberland.

Les couches de minerai de fer rendent ordinairement 5 tonnes pour 16 m. 73 carrés de surface exploitée, mais il est des couches qui donnent le double de cette quantité.

Dans les veines du bassin de Dudley, un ouvrier peut abattre 3 tonnes de grosse houille

6/10 — de gaillettes

1 1/10 — de gailleteries

TOTAL. . . 4 7/10

La moyenne de la quantité de minerai de fer abattu par un ouvrier dans une journée est de 1 tonne 3/10.

Le prix de revient, dans des conditions aussi avantageuses d'exploitation, ne peut pas être bien élevé.

En effet, on portera à 8 fr. 68 la tonne de charbon de 1re qualité

La seconde qualité à 6 20
La troisième qualité à 4 02.

La comptabilité des mines, dans le Staffordshire, est réduite à quelques chiffres seulement, l'exploitant n'ayant à entrer dans aucun détail, n'étant pas propriétaire de la mine. Il suffit qu'il consigne dans ses livres 1° les sommes à payer à ses ouvriers, 2° les droits dus au propriétaire ; 3° ses propres dépenses en travaux préparatoires et en frais généraux. Le total de ces sommes donne le prix de revient de la substance extraite.

Bassin de Newcastle.

Le bassin de Newcastle est coupé par un grand nombre de cours d'eau. Les rivières principales sont, en allant du nord au sud : Coquet, Wensbecq, Blith, Tyne et son affluent, Derwent, Wear et Tees. Les deux plus importantes pour le bassin houiller sont la Tyne et le Wear.

Il est limité, au nord , par la rivière Coquet, au sud jusqu'à une petite distance , par la Tees, à l'est, la mer lui sert de limite naturelle sur la moitié de sa longueur.

On compte dans ce bassin 40 couches dont 18 seulement sont exploitées et dont l'épaisseur varie de 1 m. à 2 m. 50.

Les couches produisent des charbons de différentes qualités, mais comme les charbons gras ont toujours été recherchés par les industriels du pays, leur exploitation est très avancée et peut à peine suffire pour le pays.

Les ingénieurs anglais pensent que le mille carré de ce bassin peut produire 12,390,000 tonnes, et qu'il reste environ 750 milles carrés à exploiter, soit 9,317,280,000 tonnes. En admettant un tiers de perte en menus charbons et en interruptions causées par les accidents de terrein, il resterait encore à arracher 6,211,520,000 tonnes. En supposant que le commerce de Newcastle ait besoin de 3 millions 500,000 tonnes, il serait possible de les fournir encore pendant une période de 1727 ans. Cette évaluation paraît exacte si l'on tient compte de tout le charbon qui peut être exploité dans tout le district houiller, mais elle est fort exagérée si l'on veut ne comprendre que le charbon capable de maintenir la supériorité du bassin sur les autres. C'est en ayant égard à cette base que MM. Sedywich et Ducland ont assigné à l'exploitation du bassin de Newcastle une durée de 400 ans, ce qui est loin d'approcher de la richesse du bassin du pays de Galles, qui ne sera peut-être pas épuisé dans 2,000 ans.

Les puits d'extraction de Newcastle sont très rapprochés

et coûtent peu. Il y en a quelques-uns dans lesquels on a rencontré des terreins aquifères, qni ont été traversés par les mêmes procédés que nous employons dans notre pays. Mais c'est là l'exception.

La méthode d'exploitation suivie est celle par piliers et galeries. Elle consiste à pratiquer dans le gîte, des galeries parallèles entre elles, qu'on rejoint ensuite par d'autres galeries transversales, de manière à isoler entre quatre galeries des piliers de charbon dont les dimensions varient suivant les circonstances. Ces piliers resteront pour supporter le toit, ou seront enlevés. On ne leur donne la première destination que quand la couche est à une profondeur de 100 mètres. A une distance plus considérable, on les exploite autant que possible. Ceux qui restent pour soutenir le toit doivent présenter la plus grande résistance sous le plus petit volume possible, afin que l'exploitant perde moins de charbon. Dans ces exploitations il convient de creuser les tailles parallèlement à deux systémes de fissures de charbon, et de rapprocher les puits autant que possible.

M. Buddle a imaginé une méthode par piliers et compartiments qu'on parait maintenant suivre dans plusieurs mines. Cette méthode consiste à diviser la mine en districts séparés les uns des autres par des murs de 35 à 55 m. d'épaisseur, de manière à ce que les accidents qui pourraient arriver dans un compartiment n'aient aucune influence sur les autres travaux. Les piliers ont 10 m. de largeur et 20 environ de longueur. Comme le terrein est fort plat, on attaque les galeries et les tailles de 5 m 1/2 dans le sens le sens le plus favorable à l'arrachement de la houille.

Quand le dépilage a lieu, il faut l'entamer par le point le plus éloigné du puits et étayer le toit avec des rondins en sapin d'Ecosse. Ce travail est fait par les hommes les plus intelligents, et quand le charbon est abattu , le bois est retiré par les ouvriers qui l'ont placé.

La ventilation est établie au moyen de foyers convenablement disposés.

Les frais d'exploitation varient de 50 à 85 c.

Le produit du mètre carré de surface est de 21 hectol.

Les mineurs sont logés et chauffés. Le prix du loyer est de 12 à 15 fr. par mois Le mineur travaille à la tâche. Il est payé tous les 15 jours.

Dans le bassin de Newcastle comme dans les autres, les propriétaires, en général, n'exploitent pas eux-mêmes leurs mines. Ils les cèdent à des fermiers qui leur payent une redevance réglée par tonne de substance extraite. Il arrive souvent que les propriétaires cèdent plusieurs puits à des entrepreneurs qui prennent à leur charge tous les travaux d'attaque et tout le matériel relatif à l'intérieur de la mine, ainsi que tous les salaires et toutes les fournitures faites à l'établissement. Ils reçoivent des entrepreneurs une somme déterminée par tonne de substance extraite. Les opérations qui se font à la surface et le matériel relatif sont à la charge du propriétaire, qui en fait le commerce et garde à ses frais le personnel de l'administration soumis à ses ordres. Il résulte de ces arrangements que la houille ou les minerais de fer doivent, avant tout, être exploités de manière à ce que

les exploitants puissent payer la redevance due au propriétaire et réaliser des bénéfices qui leur permettent de continuer leurs travaux.

LES HOUILLÈRES ANGLAISES

ET LES

HOUILLÈRES DU DÉPARTEMENT DU NORD.

———◦◦⟨⊗⟩◦◦———

DEUXIÈME PARTIE.

Bassin houiller de Valenciennes.

Nous ne pouvons dire de notre bassin houiller que les stratifications viennent par leurs effleuvements se profiler sur les flancs des collines où elles ont pris leur gisement comme on peut le dire des bassins houillers de l'Angleterre. Nos collines appartiennent à des terreins plus modernes et nous fournissent, sur quelques points seulement, de la pierre calcaire (la marne) et de la pierre blanche entièrement exploitée et sous laquelle nous rencontrons des terreins aquifères où naissent nos premières difficultés d'enfoncement (1).

---

(1) Les personnes âgées peuvent encore se rappeler le grand nombre d'églises et de couvents qui couvraient le sol de Valenciennes. Toute la pierre employée dans la construction de ces édifices avait

Dans les premiers temps, ces difficultés étaient d'autant plus grandes, que les moyens de contenir l'eau étaient inconnus. La vapeur n'était pas encore employée, et la force dont on avait besoin pour vaincre les obstacles ne pouvait être obtenue qu'avec l'aide des chevaux. Il a donc fallu imaginer des machines d'épuisement qui permissent de faire fonctionner des pompes au moyen d'un mouvement de va-et-vient, et pour y parvenir, d'atteler des chevaux à uu manége dont la rotation pût procurer ce mouvement. Ces machines fonctionnèrent, mais laissèrent beaucoup à désirer sous le rapport de la vitesse et de la force. Il fallut, pour en obtenir le plus d'avantage possible, chercher à réduire le poids d'eau à élever. L'on y est parvenu en pratiquant, au pied de la colline, un aqueduc vers les fosses en creusement, afin de réduire la colonne d'eau à élever d'environ 20 mètres. Cette opération permit d'atteindre des couches d'argile bleue imperméable, mais il fallait arrêter là les

---

été extraite à Anzin, à une époque très reculée. Ce qu'on ignore dans le pays, c'est qu'il existait près de la fosse du Chaufour (banlieue de Valenciennes), longtemps avant la découverte de la houille, un chemin conduisant aux carrières, dans lesquelles les voitures circulaient. Le mode d'exploitation suivi dans ces carrières, que j'ai souvent visitées, est celui que l'on employe ordinairement en Angleterre, dans les grandes couches de houille qui se montrent dans les collines. Les piliers avaient pour épaisseur la largeur des galeries. Ce travail en échiquier laissait, par conséquent, autant de vides que de pleins. Ces exploitations ont souvent donné lieu à des éboulements qui facilitaient l'accès dans les galeries, que ne manquaient pas de visiter les curieux et les enfants qui allaient souvent y jouer, lesquels, pour ne pas s'égarer dans les labyrinthes formés par les galeries, devaient, quand il s'éloignaient de l'entrée, prendre, pour la retrouver, toutes les précautions que la prudence commande en pareil cas.

eaux que les terreins aquifères vomissaient, et, comme nous
l'avons dit plus haut, les moyens de contenir l'eau dans les
puits n'étaient pas encore connus. C'est alors que le picotage fut inventé et rendit possible l'exploitation du bassin
houiller de Valenciennes.

L'aqueduc qui aida tant à vaincre les difficultés existe
encore. Il sert à la décharge des eaux de toutes les fosses
d'Anzin et de St-Vaast-là-Haut.

L'Escaut passe sur une grande étendue du bassin houiller. Il se trouve sur des houilles maigres, à Fresnes et à
Vieux-Condé, sur des charbons durs, entre Bruai et Escau-
pont, sur des charbons gras, à Anzin, Denain et Lourches,
mais au nord de ces communes, existent des charbons d'une
autre nature.

La vallée de l'Escaut est étendue. Elle se rétrécit dans
les environs de Valenciennes. L'on y rencontre partout des
terreins mobiles qui rendent extrêmement difficiles les en-
foncements de puits. Plusieurs fois on a échoué après avoir
dépensé des sommes énormes dans ces terreins sans consis-
tance. J'ai dû moi-même abandonner un puits à cause de
l'abondance des eaux, qui m'avait fait dépenser en peu de
temps plus de 500,000 fr. C'est ce qui m'a obligé d'employer l'air comprimé pour traverser les mêmes terrains sur
un autre point.

La Compagnie d'Anzin a échoué également dans deux
puits qu'elle a fait creuser au lieu dit les *Molinets*, situé
entre St-Roch et les usines de la Bleuse-Borne. Elle n'a pas

été plus heureuse dans les travaux d'enfoncement exécutés près desdites usines, en un endroit appelé la Longue-Planche. Il est vrai de dire qu'elle se trouvait là dans des terreins mobiles, en communication, pour ainsi dire, avec les mêmes terreins , dont le lit de l'Escaut est composé.

Dernièrement encore des obstacles qu'une compagnie puissamment riche peut seule surmonter se sont montrés dans les deux puits creusés sur les confins de la concession de St-Saulve , près de l'Escaut. Le matériel employé était en rapport avec les difficultés de terrain ; mais l'affluence de l'eau était telle, qu'on ne pouvait s'en rendre maître sans précipiter la marche des machines. Cette augmentation de vitesse occasionnait des chocs et des accidents qui retardaient beaucoup l'approfondissement, tout en grossissant le chiffre des dépenses auxquelles la Compagnie eut encore à ajouter le prix du transport de l'eau qu'elle fournissait aux cultivateurs des environs , dont les puits avaient été asséchés par les pompes volumineuses que l'on avait installées dans ces deux fosses.

Les difficultés de niveau ne sont pas les seules que l'on rencontre dans le bassin de Valenciennes. Il existe, à environ 70 mètres de profondeur, depuis St-Vaast-là-Haut (banlieue de Valenciennes), jusqu'aux fosses de Denain, un lac souterrain dont la hauteur est de plus de 28 mètres sur certains points, et qui renferme des sables quartzeux, du bois et des blocs de quartz dont la traversée est plus difficile encore que celle des terreins de niveaux.

Quoique l'on parvienne à franchir ce torrent et à contenir ses eaux par des picotages pratiqués dans le terrein houiller, sur la tête duquel son lit repose; on n'est pas moins obligé, pour se garantir de ces eaux, de laisser un massif très épais au-dessus des exploitations. Le charbon laissé dans ce massif sera pris après l'épuisement du lac, que tendent à dessécher deux machines d'une grande force qui prennent les eaux, au niveau d'une galerie mise en communication avec le lac, par des sondages pratiqués sur plusieurs points.

Mais l'assèchement ne sera jamais complet, si l'on ne fait point de serrements dans de vieux puits qu'on a abandonnés sans songer aux conséquences que pouvait avoir un pareil abandon.

Il y a quarante ans que l'on s'occupe de cet assèchement, et il est encore impossible de préciser l'époque à laquelle le lac n'existera plus. Ce travail a dû, pendant ces quarante ans, occasionner de bien grandes dépensenses. Quel sera le chiffre de celles que l'on a encore à faire ?

Que de travaux la Compagnie d'Anzin n'a-t-elle pas exécutés depuis que les chemins de fer prennent part au transport ? Elle a mis son établissement d'Anzin en communication avec ceux de Denain et Abscon par une voie ferrée. D'autres voies semblables conduisent les charbons de ses fosses de Denain à la gare qu'elle a fait creuser près de ses fosses Villars et Jean Bart, et sur l'Escaut. Elle a construit des embranchements pour faire arriver sa houille dans les forges et hauts-fourneaux, et dans les ateliers de MM. Cail et Cie. Elle a augmenté le nombre de ses puits, remplacé beaucoup de machines devenant trop faibles pour prendre le charbon à une profondeur où l'on va le chercher aujourd'hui, machines qui d'un autre côté, n'avaient pas été construites pour le mode d'extraction suivi depuis plusieurs années. Les fosses étant profondes et les galeries souvent fort longues, il devenait difficile d'aérer les exploitations de manière à rendre les accidents impossibles, la Compagnie d'Anzin s'est trouvée forcée de monter des ventilateurs. Tout récemment encore n'a-t-elle pas fait creuser un tunnel pour transporter à ses rivages les charbons des fosses d'Anzin et Saint-Vaast? Si, au moyen de ces dépenses, elle rend le transport moins dispendieux, ne peut-elle pas faire profiter le consommateur de cette réduction de frais? N'a-t-elle pas aussi établi, à la surface, des plans automoteurs en communication avec le tunnel, pour descendre ou monter des wagons à expédier, soit à la gare de Denain, soit à celles de Lourches et Somain, comme pour descendre et monter le matériel à remplacer.

Tous ces travaux, qui permettent à l'exploitant de faire des concessions à ses clients, ont un cachet d'élégance et d'utilité incontestables.

La Compagnie d'Anzin a fait construire dans chaque centre d'exploitation un grand nombre de maisons qui sont habitées par ses ouvriers. Elle possède plus de 30 puits d'extraction en activité, sept machines d'épuisement, autant de ventilateurs et de vastes ateliers de constructions et de réparations.

Les dépenses occasionnées par tous les travaux que je

viens de passer en revue sont énormes. Je ne puis en préciser le chiffre. M. Casimir Périer le porte à cent millions.

Après avoir parlé des choses remarquables que l'on aperçoit en traversant les vastes établissements de la Compagnie d'Anzin, je vais aussi passer en revue les exploitations et les travaux de l'intérieur, en commençant par ce que cette Compagnie possède de plus riche comme couches de charbon. Ces couches se trouvent à Vieux-Condé. Quoique puissantes, elles sont loin d'approcher de l'épaisseur de celles de Dudley et du pays de Galles, dans lesquelles on peut circuler à cheval.

A Vieux-Condé, les galeries doivent être étançonnées, bien qu'elles soient pratiquées dans des terreins solides, et il faut entailler le toit et le mur pour construire la voie de roulage, dont les déblais sont placés dans l'excavation de la taille avec les matières stériles trouvées dans la veine.

Les tailles ont des longueurs déterminées, suivant le rendement des déblais de la voie et de la production des matières stériles.

Au haut de chaque taille existe la galerie de roulage de la taille supérieure. Chaque galerie aboutit à un plan automoteur ou à une voie montante en diagonale pour desservir toutes les tailles qui existent au-dessus de la première.

La régularité des couches de Vieux-Condé est proverbiale. Le contrôle du charbon extrait peut se faire par le nombre de mètres carrés de surface exploitée.

Le produit moyen du mètre carré, dans les veines de cet établissement, est d'environ dix hectolitres. L'épaisseur de quelques unes est de 1 mètre au moins. Celle des autres veines est de 50 à 80 centimètres. La tâche des ouvriers à la veine varie de 3 à 5 mètres , suivant les difficultés d'arrachement.

Il y a des couches qui , quoique faciles à abattre , exigent du temps pour donner des charbons propres à cause des filons de terre intercalés dans les filons de veine.

Le chef du fond se nomme porion. Il est aidé par plusieurs sous-chefs.

Le nombre d'ouvriers occupés dans les tailles n'est pas déterminé. On se conforme souvent aux exigences du commerce. On nomme ces mineurs ouvriers à la veine.

Les ouvriers qui creusent les puits et les galeries à travers les bancs , ou qui exécutent d'autres travaux dans la roche sont ceux qu'on appelle mineurs.

On a donné le nom de Hercheur à celui que l'on occupe au transport des charbons.

La journée du hercheur est basée sur un chiffre de 560 hectolitres roulés sur un espace de 35 mètres (aller à charge et retour à vide).

Quand le roulage est allongé de 25 mètres , les hercheurs ont droit à une journée de plus pour le relai ou *tierme*. On leur alloue encore une journée pour 186 hectolitres, quand ils ont chargé eux-mêmes leur chariot à la taille. Ordinairement cette partie du travail est faite par des chargeurs ad hoc.

Les ouvriers qui se rendent les premiers dans les exploitations sont les ouvriers à la veine qui amoncellent le charbon dans les galeries, afin que les hercheurs puissent travailler, à leur arrivée dans la mine.

L'ouvrier à la veine descend ordinairement à quatre heures du matin, et le hercheur à sept heures, en hiver, et à six heures, en été. Pour l'un comme pour l'autre, la journée commence plus tôt quand le commerce l'exige. Le premier ne quitte pas sa taille avant une heure. Le second remonte plus tard.

Quand les tailles sont débarrassées des charbons accumulés sur les voies, et que les ouvriers à la veine et les hercheurs ont fini leur tâche, les ouvriers coupeurs de mur, chargés de la confection des voies, arrivent, à leur tour, avec leurs aides, et entament la roche pour donner à la voie les dimensions exigées pour le roulage. Ils construisent dans la taille, en commençant par le bas, un mur en pierres sèches sur lequel les aides-coupeurs de mur élèvent les remblais qui leur sont avancés, dans des mannes en osier, par les ouvriers qui les dirigent. Le boisage de la voie entre aussi dans la tâche du coupeur de mur. Avec les aides-coupeurs de mur on envoye encore dans les tailles où les remblais manquent des hercheurs qui vont chercher sur des points désignés par le porion les terres mises en dépôt où celles que fournit un autre ouvrier nommé raucheur (*rehausseur*), lequel rehausse les voies abaissées par l'effet de la pression du terrain.

L'on employe deux autres classes d'ouvriers coupeurs de voies, l'une sur les *montées* ou voies montantes desservant les tailles supérieures , où des plans automoteurs remplissent le même but, l'autre au sommet de l'exploitation où il entretient , dans des dimensions convenables , la voie nécessaire au retour de l'air. Les ouvriers occupés sur les voies montantes sont ceux que nous nommons *Broncheurs*. Les autres sont appelés *Moilleurs*.

Près des mineurs que je viens de désigner se trouvent ceux qui , dans les galeries , placent , déplacent et replacent les portes d'aérage , remplacent les étançons brisés ou devenus trop faibles , réparent les voies de passage dans les parties endommagées par les éboulements , construisent les chemins de fer et les entretiennent , comme ils doivent entretenir tous les chemins qui conduisent les ouvriers à leurs travaux.

Lorsque des exploitations sont établies en aval du niveau d'extraction , soit sur le plan d'une veine , soit par un puits ou *beurtid* , on se sert d'un treuil manœuvré par des hommes robustes nommés tourteurs.

Le travail de l'après-midi est surveillé par plusieurs chefs (les maîtres mineurs ou porions à terre), qui sont chargés de l'inspection de tous les travaux exécutés pendant la journée et dénoncent au porion les ouvriers qui n'ont pas rempli leur tâche conformément aux règlements.

Si les plans automoteurs ou les voies montantes ne sont pas assez avancés pour desservir les tailles les plus avancées de l'exploitation , on applique des cheminées de reversage à l'orifice desquelles de jeunes ouvriers transportent le charbon pris dans les tailles.

Ces cheminées sont des espaces qu'on n'a pas remblayés dans les tailles et qu'on a garnis d'un boisage assez solide pour résister à la chûte des charbons que l'on y verse.

Les exploitations sont aérées par un ventilateur ou par un foyer à grandes sections disposé près du puits d'extraction, où vient déboucher sa cheminée exécutée en montant, en prenant son point de départ de la place de foyer. Cette cheminée doit avoir une inclinaison de 70 degrés au moins. Deux ouvriers sont chargés de l'entretien du feu, l'un pendant la journée, l'autre pendant la nuit. Pour le ventilalateur il faut payer un machiniste de jour et un machiniste de nuit.

Les charbons sont expédiés au jour par un chargeur à l'accrochage, qui emplit les tonneaux, si l'on extrait avec des tonneaux, et qui place les bennes dans les cages, si l'on se sert de bennes.

On emploie aussi des charretiers qui transportent au puits d'extraction, par la voie principale, les trains amenés par les hercheurs sur les voies de roulage supérieures.

A la surface de la mine sont occupés un chauffeur, un machiniste, deux hommes qui reçoivent et vident les vases d'extraction, un compteur-surveillant, un garde de nuit et un chef chargé du mesurage du charbon et de la surveillance à exercer dans la distribution des objets à consommer dans les exploitations et sur le carreau de la fosse. Ce chef dirige aussi les ouvriers qui chargent les voitures des clients auxquels le charbon est fourni près des puits.

La Compagnie a des ateliers de charpentiers, forgerons , ajusteurs et bourreliers dans lesquels on confectionne tous les objets dont elle a besoin. Des maçons et manœuvres sont aussi attachés à l'établissement.

L'administration est composée d'un directeur, d'un receveur et d'un garde magasin , aidés tous trois par un nombre d'employés que la besogne exige. Tout ce personnel est dirigé par l'agent général de la Compagnie.

Si de l'établissement des mines de Vieux-Condé nous passons à celui de Fresnes , nous trouvons des changements dans le mode d'exploitation , bien que la distance qui sépare Fresnes de Vieux-Condé ne soit que de quelques kilomètres. A Fresnes , les couches sont moins inclinées et moins puissantes. Les terreins sont plus difficiles à contenir et le boisage plus rapproché qu'à Vieux-Condé.

La disposition des travaux est à peu près la même dans les deux établissements , seulement les voies diagonales ou montantes y sont moins longues et peuvent être plus facilement abandonnées , pour être remplacées par d'autres , quand la galerie principale est parvenue à 70 ou 80 mètres au-delà des voies abandonnées. On pratique cette méthode pour éviter l'entretien de longs parcours et trouver des vides à remblayer lorsque la confection des voies , les réparations qui nécessitent les éboulements et l'abondance des substances stériles , dites *Havries*, fournissent trop de remblais.

Il y a dans cet établissement deux machines d'épuisement, des ventilateurs et des foyers d'aérage.

Le directeur des travaux de Vieux-Condé est chargé

aussi de la direction de ceux de Fresnes.

Il n'y a, à Fresnes, qu'un payeur, chargé du commerce, et un garde-magasin rendant compte de leurs opérations, l'un et l'autre, à l'agent général des mines d'Anzin.

On trouve dans les mines de Fresnes toutes les professions d'ouvriers des mines de Vieux-Condé. Les voies de roulage sont espacées à Fresnes comme à Vieux-Condé. Les transports s'y effectuent aussi de la même manière.

Le travail dans la veine y est moins facile qu'à Vieux-Condé et produit moins. On n'obtient guères plus de neuf hectolitres de charbon par mètre carré de surface exploitée.

Les charbons de Fresnes qui ne sont pas vendus au comptant aux fosses sont transportés au rivage de la Compagnie par des voitures contenant 20 à 30 hectolitres et appartenant à divers particuliers qui reçoivent 8 à 10 centimes par hectolitre. Il n'a pas été possible jusqu'ici de construire des chemins de fer, parceque ce rivage se trouve au centre d'une commune populeuse qu'on ne pourrait traverser avec une voie ferrée qu'en achetant à des prix exorbitants les terrains dont on aurait besoin. On conservera sans doute longtemps encore le mode de transport actuel, qui n'est pas bien dispendieux.

Des mines de Fresnes nous passons à celles d'Anzin, où le rendement est à peine de 8 hectolitres par mètre carré de surface exploitée. Les terrains manquent de solidité, et le boisage y est, par conséquent, plus coûteux qu'à Fresnes et Vieux-Condé. Les veines, excepté celles du nord, dont l'arrachement n'est pas difficile, sont plus dures et l'exploitation plus dispendieuse. 4.

Les ouvriers à la veine occupés dans les couches de charbons gras, qui sont celles qui présentent le plus de difficultés, ne détachent pas plus de 2 m. 50 c. carrés de surface, en moyenne, pour une journée de 2 fr. 75 centimes, tandis que dans les couches du nord on détache facilement 4 mètres.

Les tailles sont conduites de la même manière qu'à Fresnes et Vieux-Condé. Leur hauteur dépend du degré de solidité du terrein et des remblais que fournissent les veines et les voies de roulage.

La Compagnie d'Anzin sur le territoire de cette commune, a bien peu de charbons gras à livrer à la consommation maintenant, les fosses où elle en tirait autrefois n'existant plus. La fosse du Chaufour, située sur la route de Lille et près de l'Escaut, est la seule qui en donne encore, mais en bien faible quantité, attendu que les exploitations du levant sont arrêtées par un accident de terrein qui incline à l'ouest, et se montre aussi près du puits. Pour produire davantage, il faudrait que cette fosse se trouvât à la place de celle du verger. Là elle aurait un parcours assez long au levant et dans des veines où elle fournirait des charbons dont la quantité ne se retrouve plus que dans les fosses situées à Saint-Vaast-là-Haut et sur le territoire de Trith ou existe le lac souterrain.

J'ai déjà parlé de ce même lac, sur lequel je reviens d'autant plus volontiers, que j'ai pris une grand part aux travaux d'assèchement conçus et exécutés par mon père, alors directeur des mines d'Anzin.

C'est en 1818 que la première fosse sur le torrent fut ouverte, et c'est sur les fondations du bâtiment de cette fosse qu'a été érigée la chapelle du hameau appelé la Sentinelle.

La fosse la Sentinelle fut mise en communication avec une machine d'épuisement qu'on avait installée sur un puits situé à 400 mètres au midi et près de la route de Valenciennes à Cambrai. Elle communiquait aussi, au nord, avec un autre puits appelé Demézières. La galerie de communication qui fut prolongée au nord de cette dernière fosse fit connaître l'épaisseur du torrent qu'on trouva plus considérable en avançant sur cette direction, comme sur celle du couchant, où des travaux d'assèchement furent également entrepris.

Le puits Demézières avait été creusé par le seigneur de Trith, qui se croyait en droit d'obtenir une concession sur sa seigneurie et avait fait percer ce puits au moment où la Compagnie d'Anzin en ouvrait un autre près de la maison Blanche.

Le puits du seigneur de Trith et celui de la maison Blanche (aujourd'hui fosse Dutemple), eurent le même sort. Ils furent abandonnés, l'un et l'autre, dans le lac souterrain qu'on ne put traverser alors et dont il fut impossible aussi de connaître la profondeur.

La Compagnie d'Anzin, qui espérait vaincre les difficultés, monta une machine d'épuisement qui fonctionna jour et nuit et fit baisser les eaux dans le puits de M. Demézières, qui profita de cette circonstance pour reprendre ses travaux d'enfoncement ; mais la Compagnie d'Anzin , s'apercevant que sa machine rendait ces travaux plus faciles , suspendit les siens pour ne pas aider plus longtemps le seigneur de Trith , qui cessa aussi de travailler et prit avec la Compagnie d'Anzin des engagements par suite desquels la concession d'Anzin fut augmentée de tout le territoire de Trith

Le puits Demézières , abandonné avant la révolution de 89 , fut repris et réparé en 1824. On le mit en communication avec celui de la Sentinelle et on l'approfondit dans l'espoir de trouver de belles veines à exploiter , mais on n'atteignit que des veines irrégulières et dont l'exploitation ne devait laisser aucun bénéfice. Ce puits n'eut d'autre utilité que de prêter son concours à l'épuisement du torrent , en raison du point où il l'atteignait. Les eaux que l'on allait y chercher se répandaient sur la machine à feu Bon-Air , établie pour l'assèchement du lac et située au midi de la fosse Sentinelle. Mais comme par cette fosse Demézières on arrivait au lit des sables sur des points où le lac n'avait que 7 à 8 mètres de profondeur , on dût plus tard porter la pompe à feu sur un point qui permit d'assécher la partie la plus profonde , en faisant les travaux nécessaires.

Le peu de précautions que les premiers mineurs d'Anzin prenaient dans les exploitations a donné lieu à des affaissements de terrein qui ont nui beaucoup à la solidité des puits d'extraction. C'est ainsi que la fosse du Poirier placée sur le bord de l'Escaut , à peu près à l'extrémité ouest du rivage actuel, faillit inonder entièrement toutes les fosses à charbon gras.

La fosse du Poirier exploitait, dès le principe, la plus grande des veines dans le voisinage du puits. Cette exploitation donna lieu à des affaissements de terrein qui amenèrent des crevasses dans la partie supérieure des dièves jusqu'au dessous des picotages, et livrèrent passage aux eaux du niveau qui tombèrent en cascade dans le puits et firent voir l'immensité du danger. Il ne restait plus qu'à songer au salut des autres fosses en sacrifiant ce puits. La chûte de l'eau occasionnait une ventilation tellement forte, qu'il était impossible de porter une lumière dans le puits, à l'orifice duquel on s'empressa de placer des portes qui retinrent l'air et permirent de commencer les opérations de sauvetage, on perça un trou dans ces portes pour le passage de la corde, et l'on pratiqua une trouée dans le cuvelage, pour aller chercher la fissure. Dès qu'on l'eut découverte, on entailla le terrein sur toutes les faces, et l'on plaça des tirants au bas des trousses de picotages. Le cuvelage ayant été ébranlé, il fallut le consolider. On fit le serrement du puits en fixant au bas de l'excavation des sommiers qui formèrent un plancher solide, traversé par une buse qui recevait les eaux recueillies dans de vastes gouttières et les répandait dans le puits. Cette buse était, à sa base, garnie d'une traverse en fer qui permettait de la boucher, elle était solidement fixée. Une masse de terre glaise fut accumulée dans l'excavation et dans le puits. On en forma une couche de 12 décimètres d'épaisseur sur les sommiers. Cette terre glaise, parfaitement tassée et rendue aussi ferme dans l'excavation et dans le puits que le terrein même, fut encore recouverte de bé-

ton au-dessus du serrement jusqu'à l'orifice supérieur de la
buse. Arrivé là, l'on boucha la buse et l'on continua à jeter
du béton pour en former une couche de même épaisseur
que la couche de terre glaise. Tous ces travaux, exécutés
avec la plus grande activité, seraient peut-être devenus
inutiles s'ils avaient exigé quelques heures de plus, parceque les terreins meubles du niveau étaient déjà en mouvement, occasionnaient des vides et formaient des crevasses
s'étendant du côté de la rivière, qui se trouvait à 20 m.
du puits. Le danger était si grand, qu'on ne fut tranquille
qu'après avoir bouché la buse et couvert le bouchon des
deux couches de terre glaise et de béton. Il est évident que
l'accident qui avait rendu le serrement indispensable com-
promettait l'établissement d'Anzin, à cause du voisinage
de l'Escaut, dont les eaux pouvaient, après avoir noyé
les travaux de la fosse du Poirier, se répandre dans les exploitations des autres puits, excepté seulement celles des
fosses du nord. Grâce à l'heureuse conception du travail et
à la promptitude avec laquelle on forma la digue qui retint
les eaux du niveau, et qui pouvait avoir à retenir aussi
bientôt celles de l'Escaut, on conserva tous les puits
compromis.

L'accident de la fosse du Poirier en occasionna un autre,
bien plus déplorable. Les eaux qui se répandaient dans le
puits envahirent les exploitations de la fosse du Chaufour,
qui possédait deux étages d'exploitation. La galerie principale du premier étage en était pleine et le gaz hydrogène
était refoulé dans la section du retour d'air quand un ou-

vrier mal avisé y pénétra avec sa chandelle. Cette imprudence occasionna une explosion qui eut pour résultat la perte de 29 ouvriers.

La fosse du Chaufour qui existe encore et qui a été ouverte il y a plus d'un siècle se trouve aussi sur de mauvais terreins ; mais heureusement jusqu'ici l'on n'a remarqué aucun mouvement dans les dieves. Elle a été souvent réparée, souvent métamorphosée. A l'époque où elle fut mise en exploitation, on se servait de chevaux pour l'extraction du charbon. En 89, le bâtiment qui renfermait la machine à molettes et cette machine elle-même furent incendiés. On dut en construire d'autres qui furent aussi la proie des flammes. L'incendiaire fut connu et guillotiné.

En 1806, on remplaça la machine à molettes par une machine à vapeur dite de rotation, système Périer.

En 1814, on fut obligé d'appliquer un deuxième cuvelage sur le premier, qui n'avait plus la force nécessaire.

Plus tard, on remplaça la machine de rotation par une machine d'Edwards, à condensation, et l'on se servit d'un tambour conique pour l'enroulement et le déroulement des cordes.

La machine d'Edwards fut, à son tour, remplacée par une autre machine de plus grande force.

Le puits, quoique garni de double cuvelage, continuant à inquiéter la direction des travaux, on résolut d'y faire un serrement, de monter une machine d'épuisement, de Newcomen, et d'enlever tout le cuvelage, pour en placer un autre beaucoup plus fort et d'un plus grand diamètre, travail qui a été exécuté de la manière la plus satisfaisante.

Aujourd'hui la fosse du Chaufour est à la profondeur de 600 mètres. Elle est guidée et munie encore d'une nouvelle machine dont la force ne laisse rien à désirer.

Lorsque le puits d'extraction a été ouvert, on a employé une machine à feu pour traverser le niveau. On en a encore monté une semblable pour relargir la fosse dans le niveau. On a cuvelé trois fois une partie du puits, construit trois machines à molettes et fait marcher alternativement quatre machines à vapeur de divers systèmes.

Ce que ce puits a coûté en réparations est difficile à calculer. L'extraction, dans les conditions où elle se trouve aujourd'hui, ne produit peut-être pas assez pour payer l'intérêt à 5 0/0 des sommes dépensées, tantôt dans le puits, tantôt dans le bâtiment de la machine.

L'avantage que les nouveaux exploitants ont sur les anciens, c'est de profiter des écoles qu'ont faites ces derniers et d'arriver avec le progrès. L'ancien extracteur ne peut remplacer tout d'un coup toutes les machines de ses fosses Il faut qu'il calcule ses dépenses et emploie le temps nécessaire aux améliorations. Il suit donc lentement le progrès, pour ne pas outrepasser son budget. Le nouvel exploitant installe de suite la machine qu'exige l'importance de ses travaux et se trouve déjà dans de meilleures conditions, sous le rapport de l'extraction. Le progrès, quoique lent dans les établissements houillers du nord de la France, où, à cause des difficultés à vaincre, l'on conserve le plus longtemps possible les choses telles qu'elles sont, a cependant marché d'une manière assez sensible. Le temps n'est pas encore bien éloigné où les puits étaient carrés et de faibles dimensions, et où on les cuvelait entièrement, où les transports, dans les exploitations, s'effectuaient au moyen de traîneaux glissant sur des traverses de bois que l'on retirait des bouts de perches, et où les bacs à charbon fixés sur ces traîneaux ne contenaient qu'un hectolitre. Les ouvriers traîneurs devaient, pour finir leur tâche, faire 264 voyages sur un espace de 20 mètres (aller et retour).

Dans les veines droites, les difficultés de roulage avaient fait imaginer un système d'exploitation qui exigeait beaucoup de jeunes ouvriers, lesquels allaient prendre le charbon dans les tailles, et, pour le faire arriver plus facilement à la voie de fond, le faisaient passer par des cheminées pratiquées dans les couches. Ce système de cheminées était d'autant plus mauvais, qu'il occasionnait le bris des charbons.

L'on a abandonné le cuvelage carré et employé le cuvelage octogone. Ce dernier a été remplacé par un cuvelage à 12 pans, puis par un autre à 15 faces. J'en ai à 20 faces que je trouve moins chers et aussi solides que ceux à 12 et 15 faces.

Les puits ne sont plus cuvelés de haut en bas. On les maçonne dès que l'on arrive à la deuxième retraite sous le cuvelage des dièves.

Les accrochages ne sont pas les mêmes qu'autrefois. Ils ne sont plus planchéiés. On les garnit de plaques de fer qui facilitent l'accès des charges que l'on verse dans les tonneaux. Autrefois les charges étaient déposées dans l'accrochage, dont le pavement se trouvait toujours à un mètre au-dessous du niveau de la galerie de recoupement, et le chargement des tonneaux se faisait entièrement à l'escoupe. Maintenant elles sont versées dans le vase d'extraction ou montent directement dans des cages.

Les chapeaux d'accrochage étaient en bois de chêne. On emploie maintenant la fonte, et on les fait en trois pièces se rapportant parfaitement et faciles à remplacer quand elles se brisent.

Le diamètre des puits, les sections des galeries et celles des foyers d'aérage ont été augmentés. L'air y a beaucoup gagné.

Les cheminées de reversage ont été remplacées par des voies montantes ou diagonales, ou par des plans automoteurs dont l'usage remonte à l'année 1824.

Les chemins en bois ont remplacé les *rotons* et ont été remplacés eux-mêmes par les chemins de fer. Dans ces derniers, l'on a employé d'abord la fonte, puis des barres de fer placées de champ. Les caisses ovales des traîneaux étant devenues trop petites, parce que les chemins de fer permettaient de traîner des charges beaucoup plus lourdes, on fit usage de chariots de la contenance de 2 hectolitres d'abord, puis de 3 hectolitres 1/2. Au lieu de roues plates, ces derniers chariots avaient des roues creuses.

Les quernets d'aérage en briques ont été remplacés par des tuyaux en tôle galvanisée, plus salutaires en cas d'inflammation et d'explosion de gaz hydrogène.

Au lieu de cordes rondes, l'on se sert de cordes plates pour l'extraction. Elles sont en chanvre ou en aloès. L'on commence à extraire avec les cordes plates en fil de fer dans beaucoup d'établissements.

Les poulies ont été aussi perfectionnées. Elles sont d'un plus grand diamètre, et des ressorts leur donnent un mouvement doux en rapport avec le poids à élever et avec la résistance résultant des chocs.

Les machines d'extraction, maintenant comparables aux locomotives marchent avec une telle vitesse, qu'une minute suffirait pour amener à l'orifice du puits une cage prise à 400 mètres de profondeur. Il n'y a plus de transmission de mouvement par engrenages dans ces machines, ce qui fait gagner de la vitesse et fait éviter les accidents que causait la rupture des engrenages. La manœuvre de frein se fait sans que le machiniste soit obligé de se déplacer. Une machine alimentaire établie près du fourneau fait arriver l'eau dans les chaudières. Elle a la force de quelques chevaux seulement, et permet de simplifier les appareils de la machine d'extraction.

Il y a dans chaque établissement de la Compagnie d'Anzin un corps d'ouvriers chargé des réparations de puits, du montage des pompes et des aqueducs. Ces ouvriers sont les plus expérimentés, les plus intelligents et les plus courageux. C'est de ce corps que l'on tire ses chefs du fond.

On ne peut creuser aucun puits dans le bassin de Valenciennes sans la machine d'épuisement. Il y a des localités où une seule machine ne suffit pas et où les travaux d'enfoncement en exigent deux et quelquefois trois. Le puits de la Bleuse-Borne, à Anzin, a atteint des sources d'eau

(60)

qui occupaient trois machines, et, sans cette force extraor-
dinaire, il eut été impossible de se rendre maître des eaux.
Le cuvelage des derniers niveaux a un pied d'épaisseur, à
cause de la forme carrée du puits. Aujourd'hui les puits ap-
prochent de la forme circulaire et leurs faces comprennent
un grand nombre de côtés. Les pièces de cuvelage sont
moins longues et offrent plus de résistance. On les trouve
aussi plus facilement dans les bois que l'on débite.

Vicoigne.

L'établissement de Vicoigne se trouve entre la Scarpe et
l'Escaut, et à quelques kilomètres d'une station de chemin
de fer, avec lequel il s'est mis en communication pour éten-
dre ses relations commerciales. L'on y exploite des houilles
maigres de même nature que celles de Vieux-Condé, et le
mode d'exploitation est aussi le même.

Le terrein houiller est moins rapproché de la surface qu'à
Vieux-Condé. Avant de l'atteindre, l'on rencontre des eaux
qui rendent le creusement des puits plus difficile et plus
dispendieux qu'à Vieux-Condé.

Au nord de Vicoigne, on trouve un lac souterrain repo-
sant sur la tête du terrein houiller. Peut-être est-il celui que
l'on a rencontré à Saint-Vaast-là-Haut.

Depuis quelques années, la venue d'eau dans les travaux
est tellement augmentée que, pour ne pas occuper à extraire cette eau les machines qu'occupe suffisamment l'extraction du charbon, en doit avoir recours à une machine
d'épuisement.

La Compagnie de Vicoigne expédie aussi ses charbons par la Scarpe et par l'Escaut. Ils sont embarqués à Saint-Amand et à Valenciennes.

Les veines de Vicoigne s'exploitent aussi facilement que celles de Vieux-Condé. Le travail n'y est pas plus coûteux. Le rendement n'est peut-être pas le même qu'à Vieux-Condé, qui obtient davantage.

Je crois que les terreins de Vicoigne sont moins solides, ce qui augmente la dépense en consommation de bois

Je ne puis entrer dans d'autres détails, parce que je ne sais comment sont organisés les divers services de cet établissement.

Denain.

Les fosses de Denain, à l'exception de celle de l'Enclos, qui a atteint des veines de charbon gras au midi, sont placées sur la série des veines de charbons durs et flambants qui se montrent en plat de grande étendue dans la plupart des puits.

Toutes les fosses sont reliées par des chemins de fer. Les produits arrivent à leur destination, soit par eau, soit par chemins de fer.

Les charbons à expédier par bateau sont embarqués à la gare de Denain. Les wagons demandés par les consommateurs partent de la gare de Lourches où de la gare de Somain, avec lesquelles les mines de Denain sont en communication.

Les couches de Denain s'exploitent généralement plus facilement que celles de Saint-Vaast-là-Haut. Il y en a de productives comme il en est de peu productives. Le rendement
est d'environ 9 hectolitres par mètre carré de surface exploitée. Les ouvriers détachent de 2 à 5 m. de veine. Ce ne
sont pas ceux qui abattent plus de 5 mètres qui ont la tâche
la plus pénible, car si leur tâche est ainsi réglée, c'est parce
que les couches renferment des substances stériles , qu'on
enlève facilement ; et que ces couches se coupent facilement
aussi dans des terreins où il y a peu d'étançons à poser.

En plaçant les puits à une grande distance les uns des
autres, on a voulu rendre moins coûteux le travail des machines, l'entretien des puits et les transports du fond, auxquels on occupe des chevaux ; mais l'agrandissement de la
voie, les bois de plus fortes dimensions qui soutiennent les
terreins, et le transport des terres provenant des voies élar-
gies et exhaussées pour les chevaux, lesquelles terres tom-
bent en trop grande quantité pour être logées dans les
tailles, l'entretien des travaux sur un espace ainsi doublé
et pendant un plus long terme, la marche des machines d'é-
puisement pendant cette augmentation de durée, sont les
dépenses qui excèdent celles qu'occasionneraient le creusement et l'équipement d'une fosse intermédiaire.

Les terreins de Denain, excepté ceux de quelques veines,
sont difficiles à contenir. Ils exigent beaucoup de bois, dont
le prix est considérablement augmenté. La méthode d'exploitation est la même que dans les autres exploitations de
la Compagnie d'Anzin.

Les premières machines d'extraction qui ont fonctionné sur les puits de ces établissements étant trop faibles, on en a placé de nouvelles. Les charbons sont extraits dans des cages, et versés dans les wagons de la Compagnie du Nord ou déposés sur le carreau de la fosse, à leur arrivée au jour.

Quelques puits ont été supprimés et servent maintenant à la ventilation seulement. Peut-être convenait-il de les conserver, car tout puits d'extraction doit rester en activité quand il peut fournir les charbons que l'on prend à une fosse voisine en dépensant plus et avoir perdu plusieurs centaines de milliers de francs, en travaux d'approfondissement, en travaux préparatoires et en constructions diverses pour l'équipement du puits abandonné.

Abscon.

Les fosses d'Abscon sont arrivées à des accidents de terrein qui doivent causer de l'inquiétude à la Compagnie d'Anzin, parce qu'ils font disparaître les veines.

Tous les travaux faits jusqu'ici pour retrouver les couches perdues sont restés infructueux. L'on a approfondi les puits, pratiqué des galeries de reconnaissance et trouvé des terreins brouillés. Seulement les reconnaissances dirigées vers le nord ont atteint des veines d'une autre nature.

Il y a aussi à Abscon, soit au nord, soit au midi, un lac souterrein qui oblige de travailler prudemment. Des eaux abondantes, rencontrées dans les travaux, il y a déjà longtemps, ont nécessité le montage d'une pompe à feu sur le puits dit la pensée, qui avait heureusement un diamètre

suffisant pour servir à l'extraction du charbon et à l'épuisement. Ces eaux ressemblaient à celles du lac de St-Vaast-
là-Haut, formaient un dépôt de même couleur et amenaient
les mêmes sables. Cette remarque a été faite, il y a 34 ans.
Les directeurs actuels de la Compagnie d'Anzin l'ignorent
sans doute. Il serait facile de constater le fait en pratiquant
des forages à la surface.

L'établissement d'Abscon, commencé il y a 40 ans, est
donc déjà vieux. Les capitaux qu'il a exigés sont fort compromis. La Compagnie d'Anzin, seule, peut supporter une
perte semblable. Les charbons d'Abscon étaient de première qualité et fort recherchés par les verriers et les forgerons. Amalgamés avec d'autres charbons, ils convenaient
également à d'autres industriels.

La Compagnie d'Anzin paraît décidée à faire des travaux
sur les veines d'Aniche. Sur ce point elle ne doit trouver
que des charbons durs et des charbons maigres.

Il y a trois fosses à Abscon. Les couches de cet établissement sont exploitées par un quatrième puits situé sur le
territoire d'Escaudain et où l'on craint de rencontrer le même
accident qu'aux fosses d'Abscon, qui ne donnent plus que
de faibles produits.

Les mines d'Abscon et d'Escaudain sont recouvertes de
terreins aquifères plus épais qu'à Denain et communiquent
avec les stations de Lourches et Somain et avec la gare de
Denain par ses chemins de fer.

Les veines exploitées à Abscon ne sont pas fort épaisses
Le mode d'exploitation est à peu près le même qu'à Anzin.

Le terrein dans certaines couches est excessivement [mau-
vais, et les couches ne se prêtent pas à la mise en pratique
des plans automoteurs, ni à là confection des voies diagonales. Les cheminées de reversage sont préférées, parce que
les charbons sont friables et qu'il est difficile de les extraire
gailleteux, quel que soit le mode d'exploitation.

L'on obtient 7 hectolitres de charbon des veines de cet
établissement par mètre carré de surface exploitée. Le boisage y est très coûteux. L'inclinaison des couches est d'environ 50 degrès.

Aniches.

Les mines d'Aniches, qui ne fournissaient presque plus
de charbon, il y a vingt ans, sont aujourd'hui dans un état
prospère parce que l'on a abandonné les anciennes fosses à
charbon gras, dont les couches étaient trop accidentées et
trop peu puissantes pour être exploitées avec bénéfice.

Les accidents de terrein rendaient le soutènement des galeries de roulage très dispendieux. Il en était de même des
tailles, qui ne pouvaient être boisées que par des ouvriers à
la veine très capables. Aussi les mineurs d'Aniches passent-
ils pour les meilleurs boiseurs du bassin. Il y a aussi des
ouvriers expérimentés dans les autres établissements. Ils
sont occupés dans les *grandeurs* de veine, dans les crochons
et dans les couches qui se trouvent sous de mauvais terreins, mais le nombre en est moins grand qu'à Aniches.

En abandonnant, suivant les conseils de M. l'ingénieur
en chef Boudousquié, la partie du midi, pour se porter vers

le nord, la Compagnie d'Aniches s'est relevée. Elle a trouvé des veines régulières et épaisses d'où elle tire des charbons dont le placement est plus facile, tout en lui coûtant moins. Depuis 20 ans, elle a creusé 7 à 8 puits d'extraction que sa concession de 6 lieues carrées lui permettait d'échelonner sur une étendue considérable. Les exploitations de ces 7 à 8 puits lui feront connaître la nature et l'état du gîte houiller, et feront placer convenablement les puits à ouvrir plus tard.

Le terrein houiller d'Aniches, comme celui d'Abscon et de tout le bassin du Nord, est recouvert de terreins morts ou crétacés en couches plus puissantes que partout ailleurs. Aussi n'y rencontre-t-on le terrein houiller qu'à 130 ou 140 mètres de profondeur, comme dans le Pas-de-Calais. Les veines s'exploitent à Aniches à peu près de la même manière qu'à Anzin. Si l'on y adoptait un autre mode d'exploitation, le boisage des tailles ne serait pas aussi solidement établi, et l'on perdrait plus de charbon dans les remblais. Dans les couches inclinées comme doivent l'être celles d'Aniches, le système d'Anzin doit être préféré, parce qu'il expose moins les ouvriers.

Je n'ai jamais visité les mines d'Aniches et je ne suis informé de ce qui s'y passe que par des mineurs qui m'entretiennent des travaux qui y ont été exécutés et de ceux dont on s'occupe actuellement. Mais je puis certifier que depuis qu'elles sont reliées au chemin de fer du Nord, elles deviennent très importantes. Leurs charbons conviennent à beaucoup d'industriels, à cause de leur qualité et du prix auquel ils sont livrés.

La veine se détache facilement, mais le rendement est au-dessous du chiffre des autres charbonnages.

Ce que je viens de dire sommairement des établissements situés sur le bassin de Valenciennes est l'expression de ma conviction établie sur l'expérience et les résultats connus.

Je ne puis faire connaître les dépenses faites dans chacun d'eux, en constructions, creusements de puits, acquisition de terreins, de machines d'extraction et d'épuisement, en achat de matériel, etc., etc., dépenses dont les sociétés seules peuvent donner le chiffre ; mais je vais présenter des chiffres que l'on ne contestera pas, en parlant de l'établissement des mines de Douchy.

Mines de Douchy.

La concession de Douchy est située sur l'une des parties méridionales du bassin. Les fosses se trouvent au nord de l'Escaut, entre Denain et Bouchain, et sur le territoire de la commune de Lourches. Jusqu'ici onze couches ont été découvertes. Elles sont désignées sous les noms de Louise, Anzinoise, Adélaïde, Jumelles, Sophie, Grande passée Aimée, Lilloise, Parisienne, Valenciennoise et Solferino. Dans ces onze couches, trois ne paraissent plus qu'à l'état de passées, mais on en trouve d'autres sortant de la concession de Denain. Solferino a été atteinte la première (peu de jours après la bataille de Lolferino), et l'on espère arriver bientôt à celles que l'on cherche encore. Toutes ces veines ont été recoupées par des galeries dont quelques-unes ont plus de 400 mètres de longueur.

Le système d'exploitation est à peu près le même qu'à Anzin , mais le travail dans les veines est plus difficile et l'avancement des tailles laisse beaucoup à désirer. L'ouvrier détacherait plus de charbon si on lui permettait de travailler de manière à avancer davantage, mais on ne veut pas qu'il s'expose, et la tâche est réglée de telle sorte que les tailles se trouvent convenablement boisées et remblayées en temps utile , et que les accidents sont rares. On exige encore , comme surcroit de précautions , que le front des tailles soit toujours parallèle à l'inclinaison du terrain , bien que le *clivage* des veines réclame un changement dans le front de la taille, et que, malgré le *restaplage* du lendemain, toute la taille, y compris le coupement, soit boisée à chaque mètre d'avancement.

Les veines sont généralement attaquées sur plusieurs niveaux, et les tailles desservies par des plans automoteurs qui donnent des relevées assez considérables. Dans les veines faiblement inclinées, ces plans sont établis sur l'inclinaison du terrain. Quand le terrain est droit , on les construit sur une inclinaison de 25 degrès. L'aérage est ascensionnel et divisé. On fait passer le plus d'air possible dans les tailles , pour débarrasser les fronts de tout le gaz que la veine peut dégager. La section réservée au parcours de l'air a les plus grandes dimensions possible. La ventilation est activée par les foyers d'aérage à grandes sections établis à des niveaux rapprochés des exploitations , et alimentés avec de l'air pur traversant les chemins de passage , depuis le jour jusqu'au fond.

La première fosse de la Compagnie de Douchy a été ouverte le 15 août 1833. On y découvrit la première veine le 28 mars 1834. Bientôt des reconnaissances permirent d'ouvrir plusieurs puits à la fois. L'on rencontra, dans l'un de ces puits, des difficultés qu'on ne put vaincre avec deux machines d'épuisement qui fonctionnèrent longtemps. On abandonna ce puits après avoir dépensé plus de 500,000 francs.

La Compagnie de Douchy possède 7 puits d'extraction. Le dernier creusé se trouvant dans les mêmes terreins que le puits abandonné, l'on a dû, après avoir essayé de traverser ces terreins avec des machines d'épuisement, employer l'air comprimé pour continuer les travaux d'enfoncement. La compression de l'air a été portée à trois atmosphères et demie effectives, en dernier lieu. Les ouvriers qui travaillaient dans cette compression devaient être les plus courageux, les plus jeunes et les plus robustes de l'établissement. Grâce à l'air comprimé l'on a pu se rendre maître des eaux; mais ce mode de creusement était trop dangereux et a causé la mort d'une partie de l'atelier. Parmi les ouvriers que l'on a perdus pendant l'exécution des travaux, plusieurs ont été tués par l'explosion du sas à air en fonte, dont l'épaisseur devait donner toute garantie, mais que l'effet de la gelée, amenant une grande différence de température entre l'intérieur et l'extérieur, aura fait éclater ; les autres sont morts atteints de congestion cérébrale, parce qu'ils n'avaient pas pris les précautions ordinaires à leur sortie du sas, et peut-être aussi parce ce que leur manière de vivre n'était pas celle qui convenait à des mineurs occupés à des travaux de ce genre.

La Compagnie de Douchy a fait construire pour ses employés et ouvriers 600 maisons. Les employés qui ne payent aucun loyer sont nombreux, et les ouvriers qui occupent les maisons de 2, 3 et 4 pièces, ne payent que 2 % du prix de ces maisons.

Pour faciliter l'écoulement des produits, l'on a dû construire un pavé qui met l'établissement en communication avec la route de Valenciennes à Paris, et les charbons pris aux fosses pour les rivages sont transportés par des chemins de fer.

La Compagnie a acheté un grand nombre d'hectares de terre pour bâtir les maisons et chemins de fer dont elle avait besoin, pour creuser ses puits, établir un rivage sur les bords de l'Escaut, rivage où l'on dépose, au besoin, plus de cent mille hectolitres de charbon, pour construire des ateliers et pour la fabrication des briques qui entrent dans les constructions du fond et du jour. Elle n'est devenue propriétaire de ces terreins qu'en payant souvent au vendeur le double de leur valeur, comme les autres sociétés charbonnières. Elle a fait des sondages pour connaître les limites du terrein houiller. L'établissement prenant de l'extension, et l'extraction ayant été portée à un taux plus élevé, il a fallu construire un embranchement pour expédier une partie des produits par la gare de Lourches, et un quai pour le chargement des wagons. Les machines qu'on avait achetées pour aller chercher le charbon à 200 mètres de profondeur, n'ayant pas la force nécessaire pour les prendre à la profondeur de 400 mètres, ont été remplacées par des machines beaucoup plus fortes, que malheureusement ne pouvaient recevoir les bâtiments construits pour les premières, bâtiments qui ont été démolis pour faire place à d'autres. La population charbonnière augmentant chaque année, la Compagnie a fait construire des écoles pour les enfants de ses ouvriers. Elle a accordé des subsides aux communes voisines pour des pavés dont elle n'avait pas besoin. Elle aide surtout la commune de Lourches à faire exécuter les travaux que ses faibles ressources ne lui permettent pas d'entreprendre seule. Enfin elle a dépensé près de huit millions, depuis l'ouverture de son premier puits jusqu'à ce jour, savoir :

1,000,000 pour les chemins de fer,

3,500,000 pour ses puits, machines et bâtiments de machines,

2,500,000 en construction de maisons et achat de terreins,

600,000 pour son matériel du fond et du jour,

75,000 pour son rivage de Valenciennes,

15,000 pour acquisition d'une locomotive,

160,000 pour une machine d'épuisement servant en même temps à la mise en mouvement des planchers mobile par lesquels les mineurs doivent être descendus bientôt dans les exploitations et remontés tous, travail qui n'est pas terminé, mais qui le sera bientôt,

18,000 pour les chevaux,

6,000 pour les ânes ,

3,000 pour les mulets.

—————

7,877,000

Quand nous voulons comparer nos exploitations à celles de l'Angleterre , nous voyons d'abord deux extracteurs dont l'un travaille comme propriétaire en vertu d'une loi, et l'autre comme locataire. L'un ne recule pas devant les dépenses faites pour l'avenir, l'autre , au contraire, les évite. L'un exploite en bon père de famille , l'autre dédaigne les veines qui ont moins de 80 centimètres d'épaisseur , qui sont les plus productives des exploitations du nord.

Dans nos couches , l'ouvrier est à l'abri de tout danger , mais les dépenses en remblais et consommation de bois sont considérables ; tandis qu'en Angleterre , on laisse dans les veines des vides effrayants où le gaz inflammable s'accumule et occasionne parfois, par ses détonations , des catastrophes terribles. L'extracteur anglais , qui tire tout le parti possible de son entreprise , parcequ'il ne doit exploiter que jusqu'à l'expiration de son bail , ne garnit pas de bois et ne remblaie pas les espaces vides. Cette manière de travailler ne serait pas tolérée en France , où le Gouvernement veille à ce que l'existence des ouvriers ne soit pas compromise , où l'exploitant lui même ne néglige rien pour empêcher les accidents et dirige ses travaux avec la plus grande prudence , ne voulant entendre parler d'aucune économie quand , en l'autorisant , il prendrait une mesure dont l'ouvrier pourrait avoir à se plaindre. Ce sentiment d'humanité devrait indiquer aussi, en Angleterre, la marche à suivre pour mettre le mineur à l'abri du danger. Mais pour cesser de l'exposer à périr sous des éboulements ou à mourir brûlé et asphixié, il faut remblayer les espaces vides et faire circuler l'air sur le front de son ouvrage ;

C'est une grande économie qu'une réduction de dépense de 1 franc à la tonne dans les couches que l'on ne remblaie pas quand elles sont exploitées. On obtient la même réduction de frais d'exploitation en ne boisant pas les fronts de la taille, la même encore en n'entaillant pas le mur ou le toit de la veine pour former une voie de roulage.

Nous dépensons beaucoup plus que les exploitants anglais, attendu que nos tailles sont toujours remblayées, toujours boisées, et que nous avons besoin de la voie de roulage dont on n'a pas à s'occuper en Angleterre ; mais nos tailles ne forment pas les réservoirs à gaz que l'on trouve dans les couches anglaises si imprudemment exploitées.

Les extracteurs anglais sont loin également d'atteindre le chiffre de nos consommations en fer, bois et matières diverses, chiffre qui peut être réduit de plus de moitié pour les objets en fer surtout, dans les exploitations anglaises. Nous nous servons encore de cordes en chanvre et en aloës, tandis que les anglais emploient les cordes en fil de fer ou des chaines qu'ils font durer d'autant plus longtemps, que leurs puits ont peu de profondeur.

La consommation de bois dans nos mines, est, après la main d'œuvre, la dépense la plus couteuse. L'entretien de nos bâtiments, de nos wagons, de nos carreaux de fosses et de tout notre matériel est une autre dépense que ne réduit guères les bénéfices dans les mines anglaises , où le fermier n'a à se procurer que le matériel du fond , qu'il obtient à bon marché et qui exige peu de réparations , parceque le tout est en fer. L'on emploie moins le fer en France dans les établissements houillers , bien que le prix des bois soit déjà augmenté d'un tiers depuis quelques années , et que l'on s'attende encore à des augmentations de prix , à cause du développement des houillères du Pas-de-Calais. Nos bois de toutes espèces entrent pour 13 centimes et demi par hectolitre dans nos prix de revient. Bientôt ils atteindront le chiffre de 15 centimes. L'extracteur anglais , en travaillant comme bon lui semble , c'est-à-dire sans s'inquiéter des dangers auxquels il expose ses ouvriers en faisant les économies que nous ne pouvons pas , que nous ne voulons pas faire , dépense 37 centimes de moins que nous par hectolitre ; savoir :

10   pour différence d'intérêt du capital engagé ,

20   pour la confection des voies et pour le bois ,

2 ½   pour les métaux et cordages et pour frais généraux ,

2 ½   pour les percements de galeries qu'il évite ,

2   pour les frais d'entretien des travaux d'exploitation , peu élevés chez lui , attendu qu'il trouve toute son extraction dans une seule couche.

----

37   Total :

A ces chiffres , que l'on peut regarder comme exacts , nous pourrions ajouter quelques centimes pour le rendement des veines , les nôtres produisant beaucoup moins ; mais nous nous arrêterons à nôtre chiffre de 37 centimes , comme si l'abattage et le rendement étaient les mêmes dans les deux pays , et nous ferons observer qu'en Angleterre , un faible capital suffit souvent pour mettre un charbonnage en activité, tandis qu'en France on a besoin de plusieurs millions pour exercer la profession d'extracteur, quand on a été assez heureux pour surmonter toutes les difficultés et trouver des couches régulières.

En général, l'exploitant ou le fermier anglais n'est pas riche. Il loue ou achète une machine détraquée qu'il fait réparer et qu'il installe près de son puits sur des massifs de maçonnerie et dans une barraque en planches, laissant en plein air l'orifice de son puits, sans s'inquiéter des vents de mars et d'octobre qui viennent contrarier la ventilation de sa mine et exposer ses ouvriers à de grand dangers. Le puits d'extraction lui coûte peu, attendu qu'il le creuse sans machine d'épuisement, le terrain houiller se montrant à la surface. Quand il a atteint la profondeur de 100 à 150 mètres il établit des exploitations dans une veine d'un grand rapport, sans avoir besoin de galeries de recoupement. Ce puits d'extraction est moins coûteux que les *beurtiats* inclinés que nous creusons pour le passage de nos ouvriers. Le fermier anglais ne peut creuser et équiper les puits de grandes dimensions que nous avons aujourd'hui, ni entreprendre les travaux d'exploitation qu'une longue possession permet d'exécuter. Il travaille sur une plus petite échelle et en raison de la durée de son bail.

En Angleterre, le minerai de fer avoisine les couches de

houille et on l'exploite en même temps que celle-ci, ce qui est d'autant plus avantageux, que les dépenses faites pour l'extraction de la houille se trouvent toutes faites aussi pour celle du minerai.

Il n'y a point d'administration, pour ainsi dire, dans les charbonnages affermés. L'extraction est livrée au propriétaire aux prix convenus, et ce dernier se charge de la vente des produits. Il reste également chargé du contentieux et conserve la haute administration de l'établissement loué.

Dans le bassin du nord, nous avons à ajouter aux dépenses ordinaires des sommes immenses qu'exigent nos constructions de maisons, routes et chemins de fer, tandis qu'en Angleterre, les bassins houillers sont traversés par des rivières, des canaux et des chemins de fer de l'Etat ou des compagnies concessionnaires, et bordent, pour ainsi dire, la mer.

Nous avons porté à 7,877,000 francs les dépenses payées par la Compagnie de Douchy pour former son établissement. Ce chiffre produirait un revenu de 393,850 francs par an, l'intérêt payé à 5 %. Ces 393,850 francs ne faisant pas partie des bénéfices, on doit en faire la répartition aux associés avant la fixation du dividende. C'est ainsi que l'on opère dans les Sociétés de Banque. C'est aussi de cette manière que l'on règle la part des actionnaires dans les Compagnies de chemins de fer.

Les frais généraux, dans les établissements houillers de notre pays, sont considérables,

1° Le personnel d'une fosse est composé de chefs et d'ouvriers travaillant à la tâche et à la journée. Quelle que soit l'extraction, les chefs et les ouvriers payés à la journée reçoivent ensemble pendant l'année   96,720 fr.

2° Les frais d'administration s'élèvent à   96,418

3° Les nourritures de chevaux, mulets et ânes coûtent   35,000

4° La Comp. paye pour loyers de terreins   3,200

5° La Compagnie paye pour pension et secours   21,357

6° Le service de santé coûte   13,525

7° La redevance fixe et proportionnelle, ainsi que les contributions prennent   60,000

8° Les écoles et le culte   5,200

9° L'entretien des puits d'extraction   12,000

10° Les ateliers du jour dépensent   208,715

Total :   552,135 fr.

Ces 552,135 francs donnent à peu près 37 centimes par hectolitre à ajouter aux autres dépenses d'extraction, quand on extrait 1,500,000 hectolitres, et 27 centimes et demi seulement lorsque l'on peut extraire 2,000,000 d'hectolitres. Malheureusement, quand l'extraction est réduite, on ne peut reduire en même temps les dépenses, parce que l'on est obligé de conserver tout le personnel pour des temps meilleurs, attendu qu'il serait impossible de retrouver les ouvriers que l'on aurait congédiés, et que ceux qui viendraient les remplacer seraient moins expérimentés et moins dociles. Du reste on ne recrute pas beaucoup lorsque l'on manque de bras partout.

Pour être convaincu que les réformes sont impossibles
dans les temps difficiles, il suffit de passer en revue le personnel, de voir où arrivent les 552,135 francs de frais
généraux que nous venons de trouver.

Chap. 1er Les 96,720 francs sont payés aux ouvriers
chargés de l'entretien des travaux de nos 7 puits
d'extraction aux chefs et surveillants du fond
(les porions et les maîtres mineurs) aux lampistes
du fond, aux raccommodeurs, raucheurs,
chargeurs à l'accrochage, machinistes, chauf-
feurs, lampistes du jour, compteurs de tonneaux
et berlines, et aux gardes ;

Chap. 2 Les 96,418 francs sont le montant des traite-
ments des employés de l'administration et des
divers services ;

Chap. 3 Les 35,000 francs sont dépensés en achat de
chevaux occupés aux transports de charbon sur
les chemins de fer, et en nourritures achetées
pour ces chevaux, comme pour les ânes et mulets qui travaillent dans les exploitations ;

Chap. 4 Ces 3,200 francs sont payés aux propriétaires
des terreins loués à la Compagnie pour procurer des jardins à ses ouvriers ;

Chap. 5 Ces 21,357 francs forment le montant des secours accordés aux veuves d'ouvriers et à des
orphelins, et des pensions payées à des employés et ouvriers qui ont rendu de bons services ;

Chap. 6   Les 13,525 francs portés à ce chapitre sont dépensés en secours pécuniaires et en médicaments distribués aux malades et blessés ;

Chap. 7   60,000 francs dont plus des trois quarts payés comme redevance à l'Etat, et le reste pour contributions ordinaires ;

Ce chapitre et le seul qui puisse subir une réduction, qu'il convient de demander à M. le Ministre de l'agriculture, du commerce et des travaux publics ;

Chap. 8   5,200 francs payés aux instituteurs des communes où se trouvent des familles charbonnières ;

Chap. 9   12,000 pour les ouvriers occupés à l'entretien des puits d'extraction, des guides, des goyots etc.

Chap. 10 208,715 pour tous les ateliers du jour forgerons, charpentiers, menuisiers, ajusteurs, fondeurs, bourreliers, palefreniers, terrassiers, maçons et manœuvres, paveurs, couvreurs, ouvriers de chemins de fer, etc.

Aucune économie ne paraît possible au chapitre 1er.

Au chapitre 2, l'on pourrait supprimer le contrôle, mais comme il offre une garantie aux actionnaires, on doit le conserver.

Quand aux employés des autres services, ils ne sont pas trop nombreux.

Au chapitre 3, il est impossible de présenter un chiffre moins élevé.

Au chapitre 4, la somme portée est celle que l'on doit payer suivant les baux que l'on a signés.

Aux chapitres 5 et 6 , il n'y a aucune réduction possible.

Au chapitre 7 , nous avons dit que nous étions disposés à demander la réduction ou la suppression de la redevance.

Au chapitre 8 , rien à faire si la Compagnie veut que l'on continue à instruire les enfants de ses ouvriers.

Au chapitre 9 , l'on porte une dépense qui ne peut pas être réduite , les puits vieillissant et l'établissement devant encore prendre de l'extension si la Compagnie continue à trouver le placement de ses produits.

~~~~~~~~

Les frais généraux , en Angleterre , n'entrent pas pour un demi centime dans le prix de revient de l'hectolitre. L'entretien des travaux fait partie de la tâche de l'ouvrier. Les ouvriers à la veine et les hercheurs fournissent le charbon à l'extracteur au prix convenu. Le propriétaire n'a besoin que de quelques commis pour l'expédier au destinataire par chemin de fer ou par eau.

Les Compagnies des chemins de fer du nord , en Angleterre , prennent souvent à leur charge l'extraction et les expéditions de houille. On ne peut songer en France, à traiter avec des fermiers s'engageant à livrer le charbon sur le carreau de la fosse , non seulement parceque le creusement des puits , les constructions , les machines , les acquisitions de terreins , de bois et de matières diverses exigent trop de
~~~~~~~~

capitaux , mais encore parceque les veines sont trop accidentées et d'un trop faible rapport pour que les propriétaires
de mines trouvent des entrepreneurs.

Comme d'après le contrat passé entre le propriétaire et le
fermier anglais , l'extraction est limitée , ce dernier établit
facilement ses calculs et est certain de travailler avec bénéfice. Il y a , du reste, un sous traité avec ses ouvriers qui
lui garantit ce bénéfice.

Les mineurs anglais ont une caisse à laquelle ils pui-
sent des secours quand ils sont malades ou blessés. On
trouve dans cette même caisse de secours les sommes accor-
dées par les règlements aux veuves et aux enfants des ouvriers qui périssent dans les exploitations.

Dans le bassin de Valenciennes ces secours sont à la
charge des Compagnies.

Il est certain que les frais d'extraction sont, dans presque toutes les houillères anglaises , moins élevés, de moitié,
que dans celles de nôtre bassin houiller , où , pour obtenir
ce que peut produire une mine anglaise, nous avons besoin
d'un grand nombre de puits qui sont disséminés et nous
obligent d'occuper un grand nombre de surveillants, et de
construire plus de pavés et de chemins de fer que n'en
exigeraient nos transports si nous avions des couches de
charbon aussi riches que celles de l'Angleterre, où le minerai de fer qui accompagne la houille rend encore l'exploitation plus lucrative.

Je me résume en maintenant mon chiffre de 37 centimes
par hectolitre pour les dépenses que nous faisons et que

6.

n'ont pas à payer les extracteurs anglais , qui n'ont aucun compte à régler avec le Fisc et n'exécutent que les travaux indispensables, et comme bon leur semble , qui paraissent travailler dans des carrières plutôt que dans des mines, et qui ne sont pas inquiétés par les agents du Gouvernement quand, parce que l'on n'a pas pris les précautions nécessaires, parce que l'on manque d'expérience et que les travaux sont mal dirigés, il arrive des accidents d'autant plus déplorables, que toujours il y a des victimes, et quelque fois en nombre presque égal à celui d'ouvriers occupés.

Dans ce chiffre de 37 centimes il n'y a rien d'exagéré. Je pourrais même ajouter 4 centimes que nous payons de plus que les Anglais par mètre carré de surface exploitée ; mais j'admets que la houille abattue et amenée à la surface ne coûte pas moins en Angleterre que dans notre bassin houiller, car ce n'est pas dans l'abattage de la veine, dans le transport et l'extraction du charbon que je dépense 37 centimes de plus que l'extracteur anglais.

Ce que j'ai dit des charbonnages anglais suffit pour prouver que leurs propriétaires ou locataires se trouvent dans de meilleures conditions, pour extraire et vendre à bas prix, que les exploitants de notre pays, d'où l'on tire aussi des charbons de bonne qualité , mais où l'on ne trouve pas le minerai de fer près de la houille.

C'est un grand avantage d'avoir le terrein houiller à la surface et d'arriver aux veines sans difficulté aucune.

Notre bassin du Nord ne nous offre pas cet avantage, attendu qu'il est recouvert, partout où il passe, de terreins aquifères.

C'est un autre avantage d'atteindre les veines par des galeries ou par des puits peu profonds et n'exigeant aucun entretien, d'exploiter sans galerie de recoupement et sans chemin de passage, d'expédier ses produits par eau ou par terre quand on a près de soi tous les moyens de transport que l'on trouve rarement dans notre bassin, où l'on est presque toujours forcé de se les procurer en dépensant une forte partie des bénéfices.

Si nous sommes obligés de nous incliner devant les exploitants d'Outre-Manche , parce que la Providence les a favorisés plus que nous, nous pouvons nous redresser avec fierté, nos ingénieurs et nous , parce que nous repoussons tout mode d'exploitation dangereux. Nous n'exposons pas nos ouvriers aux explosions de gaz hydrogène si fréquentes, si désastreuses en Angleterre , où le danger est augmenté par les nombreux coupements que l'on remarque dans les couches. En un mot, nous n'adoptons pas, comme les Anglais, les systèmes économiques quand ils sont dangereux.

Je termine en déclarant qu'il serait ridicule de prétendre que les extracteurs français, avec les veines qu'ils vont exploiter à de grandes profondeurs, à travers des obstacles inconnus en Angleterre, peuvent, sans la protection du gouvernement de l'Empereur, lutter avec les extracteurs anglais, qui n'ont rien à créer, tandis que nous avons à nous occuper, dans le bassin du Nord, de chemins de fer pour arriver à nos rivages, d'embranchements pour gagner les gares des Compagnies de chemins de fer, de pavés ou routes empierrées qui nous mettent en communication avec les routes impériales, de gares et quais pour le chargement des wagons comme nous en avons pour le chargement des bateaux, de beaucoup d'autres travaux qui, en Angleterre, n'ont aucun rapport avec l'exploitation des veines de charbon.

En Angleterre l'exploitant ne paye aucune redevance à l'Etat, en France la redevance est énorme. En Angleterre, on ne connait pas les droits de navigation. En France ces droits existent, mais nous comptons sur leur réduction ou leur suppression.

CH. MATHIEU.

Vᵉ. ADAM, imprimeur à DOUAI.